# 笹倉五郎と小さな役者たち

## 西脇東中学校演劇部

1953年—1956年

門脇一司［編著］

時潮社

# はじめに

今から五〇年ちょっと前に、ある中学校に、教師二年目の笹倉五郎（大学で化学を専攻）という人物がいて、その中学校の生徒たち、とくに一年生から受け持った生徒たちと三年間（正確には二年半）を共にします。数学・理科の授業や理科系のクラブ活動の指導だけでなく、担任としてのクラス活動の指導、演劇クラブ活動の指導などに、英知と情熱と愛情を注ぎ込みます。生徒たちも、それに呼応して、教師と共に、演劇・クラス活動などに、目覚しい、努力と創意工夫を重ねて行きます。

生徒たちが三年生になった一〇月、突如の別れを余儀なくされます。生徒たちは、卒業までの半年を、遠く東京から応援するこの教師を思いつつ、がんばり抜きます。そして、教え子たちは、ほとんど自分たちだけで作ったとはとても考えられない、とまで先生に賞された一つの劇、宮沢賢治原作の「貝の火」を、創り上げたのです。

そこまでの軌跡・有り様は、遺された笹倉ノート「演劇部三年の歩み」の中に、つまびらかに綴られています。

実質たった二年半の短い期間ながら、教師と生徒たちとの魂の触れ合い・交流とでもいうべき行動の軌跡・有り様を、そのノートを中心にしつつ、遺された他の短歌集・テープその他の資料を加えて構成したこの物語「笹倉五郎と小さな役者たち」の中から、読み取ってもらい、何らかの感慨を持って受けとめられることを念じて、この物語を発刊いたしました。

笹倉五郎と小さな役者たち／目次

カバー版画　門脇一司
装幀　勝木雄二

# プロローグ　物語の舞台（ところ、とき、そして編著者）

東経135度・北緯35度の交差点
「日本のへそ」・西脇市が舞台

## □ 物語の舞台

「むかしむかし、あるところに、おじいさんとおばあさんが住んでいました。おじいさんは……」と始まるのが、日本昔ばなしの典型でしたね。私がこれから始めようとする話は、昔と言っても一〇年一昔と言いますから、五昔前・半世紀も前のことになります。

私には、当時すでにおじいさん・おばあさんはなく、小学四年の時に母と死別していましたから、同じような語り口で続けるとすれば、「お父さんは、会社へ仕事に行き、ボクは、今日も日の丸弁当を妹の分も作って学校へ急ぎました。学校に着くと……」と、なるでしょうか。

では、その「あるところ」とは？

ここは、五〇年近く昔にタイムスリップした「小学校」の校庭・運動場です（私たちが小学時代と中学での前半を、体操の授業や運動会や遊び時間に、また野球部でも走り回った場所なのですが）。

すぐ斜め下の線路（JR加古川線、当時は谷川線）に沿って、北へわずか数百㍍の所に、東経一三五度と北緯三五度の交差点標識があります。経緯度で日本列島を見ると日本の中心に当たり、日本の標準時はこの子午線を基準にしており、日本の時間の中心でもあるのです。そう、ここは、兵庫県は西脇市です（地図で見ると、兵庫県の南北のほぼ中央に位置し、明石市の真北の方角にあり、「播州織」の産地として知られています）。今では、この標識の周りは、「日本へそ公園」となっており、公園の中を珍しくも鉄道が走り、日本へそ公園駅があり、列車の形をした岡之山美術館が隣接しており、市出身の画家・横尾忠則氏の作品の展示室もあります。

横尾氏の名前の他に、「愛と死をみつめて」の大島みち子さんの名前、そして、二人の出身校・県立西脇高校から分枝した県立西脇工業高校の駅伝〈男子〉での大活躍（毎年、報徳学園高校としのぎを削り、「兵庫を制する者は全国をも制す」と謳われている）を思い起こす人も少なくはないでしょう。

その「小学校」とは、市立比延《ひえ》第一小学校のことで、その校内の敷地に併設された市立比延中学校——一年半後に市立西脇東中学校と改称され移転——での三年間の物語を始めます。校区の比延地区は、南北に細長い地形ですが、市の中心部（西脇地区）の東の方角に位置し、だから「西脇東中」となるのです。一言だけ横道にそれるのを許してもらいますと……その後、私たちのうちの何人かは西脇高校に進み、横尾氏の数年後輩となり、みち子さんの一年先輩に当たることになるのです。

## □ 時代背景

この物語が展開される時代背景は、終戦後七年目（一九五三年・昭和二八年）からの三年間だったことを、若い読者のために、注記しておきます。

つまり、戦後いまだ日の浅く、生活物資の乏しい時代でした。まずい麦飯を脱して、白いご飯がやっと食べられるようになった頃です。甘いものといえば、冬は、焼き芋か芋飴、夏はせいぜい、貴重品だった砂糖に人工甘味料（サッカリンやズルチンを聞いたことはありませんか？）を加えた蜜をかけたかき氷、そして、アイスキャンデーでした。私たちは、汗水たらして西脇の町まで自転車で行ってアイスキャンデーにやっとありつきました。帰り道も汗だくでしたが、疲れを知らぬ子どもたちの楽しみだったのです。アイスクリームなんて上等なものは、庶民にとっては、夢のまた夢でした。今だと、どこの家庭でも冷蔵庫に一つや二つはあるでしょうに。

電気は普及していましたが、ガス、水道、つまり火と水のライフラインの施設はまだまだずっと先のことです。私の家では、終戦直前に、井戸の隣に数家族分の防空壕を掘ったために、以来水が濁ってしまい、飲み水には不適、風呂水としての使用だけになりました。飲み水と食器などの洗い物の水は隣からのもらい水でした。

「朝顔に釣瓶取られて貰い水」――なんて知的で優雅で繊細な世界ではありません。小学校高学年から中学までの私は、釣瓶で汲み上げた水をバケツで運ぶのが日課でした。子どもは非力ですから、一回で大人の半分しか運べません。時間・回数は倍かかります。雨でも降ろうものなら大変でした。蓑笠をつけた山田の案山子《かかし》が両手にバケツを持った姿を想像してください。口はもちろん「へ」の字ですが、ただ立っているだけの一本足の案山子とちがって、濡れた二本足で歩かないと仕事になりません。胸より高い窓越しにバケツをやっとこさ持ち上げて、風呂桶に水を張って、その風呂釜を薪で沸かしました。貴重品だったマッチを惜しんで、風呂の焚き口から火種をかまどや七輪に移して、順に手際よくローテーションして、その日のご飯、惣菜《おかず》、お茶のメニューを作ったものです。もちろん、買い物、下拵え、包丁処理といった惣菜の準備は前もってやっておくのです。


買い物は、少ない予算でいかに量の多い動物性食材を買うかでした。牛肉のすきやきなんていう最高級料理は正月などごく限られた日だけ。平素、肉を買うとすれば、細切りのスジ肉で、それを、じゃがいも、たまねぎ、にんじん、かぼちゃ、ごぼうなどを二、三種合わせて煮るときに、ダシのように使うのです。鶏肉は、卵を産まなくなった廃鶏の肉で、かしわと呼んでいました。肉専用のブロイラーはまだありません。卵かハムだと、家族一人当たり一個か一枚だけでも、予算オーバーとなり、長時間の労働で腹をすかせて帰宅した父に叱られました。よって、以後は使わないようにしました。肉といえば、当時は鯨が一般的でした（豚は記憶にありません）。

魚類は、鰯の丸干し、棒ダラ、するめなどの干物、鯖や秋刀魚の塩漬けが主で、他は、ちくわ、かまぼこ、てんぷらといった練り製品でした（魚の生、刺身はまだ贅沢品でした）。

他には、芋類、こんにゃく、大豆・豆腐・油揚げ・高野豆腐、干し椎茸（水でもどす）がありました。大根、茄子、白菜、ほうれん草、エンドウは、加熱して使いました。切るだけで済むトマト、きゅうりは重宝しましたが、キャベツ、ピーマン等はまだなかったと思います。

果物で遠慮なく食べられたのは、柿、グミなど家の庭で採れるもので、夏のスイカ、冬のみかんは、盆と正月の季節物でした。牛乳、バター、チーズの乳製品も貴重・贅沢品で、我が家でも牛乳を取るようになりましたが、五人で一日一本（一八〇ミリリットル）だけでした。弁当の惣菜は、たくあん、梅干といった漬物と塩昆布・するめが主でした。塩鮭、玉子焼きは夢でした。

昔取った杵柄とやら、自分で言うのも変ですが、おかげで、じゃがいもの皮むきとかきゅうりもみの細切りとかの包丁さばきは、それはそれは見事な腕前ですよ、ハイ！　今でもです。テレビの料理番組でゲスト出演の依頼があればいつでもお受けしますよ。生放送でも、もちろんＯＫです。

風呂は、二日目は温め風呂、三日目は休みでした。冬は、家族で三つの炬燵《あんか》用の炭団《たどん》を手際よく熾《おこ》さねばなりません。洗濯は、桃太郎の話の頃と同じように川でしました。私もたまにはやりましたが、二、三日毎に来てくれた伯母がやってくれました。伯母は、夫が早世し子どもがなかったためか、私たちを大変よく世話してくれて、本当に助かりました。

私は、当たり前のことのように思って、これらの家事をこなしていましたが、今から一一年前の阪神淡路大震災の時に、ライフラインがストップしてしまい、マンションの五階まで階段で飲み水二〇㍑入りポリタンクを数日運んだときに、中学時代との格差を思いました。水二〇㍑はトイレ一回で流す量です。栓を捻れば、水や湯が出るし、ボタン・スイッチひとつで、飯が炊け、瞬時に食べ物が温められるのですから、私から見れば、現代は夢の世界・ユートピアです。世のお母さん、家事をするお父さん、あなたはどう思われますか？　今の時代、専業主婦・主夫で、「家事が忙しい」と本気で言う人があれば、私は心の中で「チャンチャラお菓子の食い過ぎ」で「片腹痛い！」と言うでしょう（ここだけの話ですがね）。

私だけではなく、当時の農家の子どもたちはみんな、とくに猫の手も借りたい農繁期ともなれば、機械ではなくまだ手作業だった田植えや稲刈りに、単なる手伝いではなく、大人同様一人前に働いたものです。このことは、後述の短歌集「稚魚」にも出てきます。小さな子のいる家では、背中におんぶする子守りも、絵本や童謡で知られる懐かしの世界ではなく、現実の大事な仕事だったのです。

私の母を死に至らしめた病・肺結核についていえば、当時は死の病・不治の病・国民病として恐れられたのですが（結核予防法は翌年の一九五一年に公布）、抗生物質・ストレプトマイシンなどが現れ、画期的な治療効果を挙げるのは、数年後のことです。事実、高校一年の時、同級生の友人のE君が肺結核に罹り、留年はしたものの一年の闘病で治ったのが私の知る一例です。ちなみに、彼は私のことを「見舞いに来てくれた唯一の友」と最近もらった手記に記しています。私は母との体験から、彼の枕元で会話したぐらいで直ぐ伝染するとは思っていませんでしたが、他の友達は部屋の離れたところに固まっていたのは事実です。それだけ、一般心理的には、まだ恐れられていた病気だったのです。

以上、若い読者に本書をよく理解していただくために、本書の舞台とその時代背景について綴ってみました。説得力のある前置きになっていればいいのですが。

ともあれ、話を次に進めましょう。

## □編著者の自己紹介

編著者の私・門脇（かどわき）は、小谷一司（こたにかずし）として、一九四〇年（昭和一五年）に、この比延地区で生まれ、第二次大戦 終戦の翌年（一九四六年）に、比延第一小学校に入学しました（つまり、戦前の国民学校から戦後の新制の小学校になった第一回生ということになります）。私が二年生の時に母が肺結核罹患を告知され、（医師に勧められた国立療養所ではなく）神戸の開業医院に入院してしまい、ほどなく自宅療養となり、痩せ衰えて、二年近く後の一二月にミイラのようになって、野辺の送りとなりました。私は四年生で、父、兄、二人の妹が残りました。後で聞いた話ですが、母は「この子らを遺したまま死んでたまるか」と言っていたそうですが、下の妹のオムツがやっと取れた頃に、三八歳で逝ってしまったのです。父は、トラックの運転手として会社へ行き、朝早くから夜遅くまで働き、休みは盆と正月ぐらいで、年間三六〇日近くも働いていました（開業医院への入院で嵩んだ借金を一〇年かけて返済しました）。家事全般を兄妹で分担・協力しながら、私は中学に通ったのです。

その中学での話なのです！　この物語は。

中学以降の私は、文中に後出しますので、ここでは結婚して門脇と改姓したことだけを記しておきます。

# Ⅰ 笹倉ノートの発見（蘇った中学時代）

蘇った「笹倉ノート」（表紙は門脇の作）。

私たち西脇東中学校9回生（一九五六年・昭和三一年卒）が開いた同窓会の席で、タイムカプセルよろしく、笹倉五郎恩師のノート「演劇部三年の歩み」が出現したのです。卒業から三六年後の一九九二年、私たちが五一、五二歳の時でした。

私は、この笹倉ノートを預かって帰り、早速原本をコピーして冊子体に製本して、私製の表紙（再利用した版画の干支一二匹の絵を周りに配したもの）を付け、次の一枚の文を付して、関係者何人かに配布・回覧しました。

去る八月二日に西脇で、私たちの中学の同窓会が開かれ、五〇名近くの出席者を数え、楽しい時を過ごしました。

その時に、故五郎恩師のノートが、三六年目に出て来ました。田中清子《せいこ》さんが、大事に保管してくれていたものです。

お互い遠く離れている人もあることなので、僭越ながら数部をコピーさせて頂きました。一部を五郎先生のご遺族（康子夫人・ご子息の真軌氏・径氏）に、一部を井野静男先生に、一部を松本巧《たくみ》先生にお届けし、残りを廻し読みして頂ければと思います。

表紙の装丁は、賀状の版画を利用し、一二支の巡りで流れた年月《としつき》・三六年間を表現し、∞（無限大）のマークは、五郎サン初めその他大勢全員が、太い線・細い線もありながら連なりつつ、それぞれ偉大であって、同時に、ご子息たちの命名の由来（宇宙・衛星）をもイメージしたと言えば、穿ち過ぎでしょうか。

ともあれ、皆様方の無限の発展と健勝を祈りつつ……。

一九九二年　盛夏　　　　一司

笹倉先生は、科学者でもありましたから、マクロの世界（宇宙・太陽系とか）やミクロの世界（原子・中性子とか）、その両方にまたがる宇宙と生命の起源・歴史にも、興味・造詣が深く、右の「宇宙／命名」のくだりは、そのことから採ったものです。ミクロの話は、機会があれば、後述することとします。

このノート発見を契機に、色々のことが思い出されて来ました。笹倉ノート（演劇の話が中心）の紹介は、章を改めることとし、蘇って来た中学校の思い出について、いくつかを記してみましょう。

中学に入学した私たち一年は、一組の担任が笹倉五郎先生、二組が松本巧先生でした。私は二組でした。笹倉先生には理科と数学を、松本先生には国語の教科を教えてもらいました。笹倉先生の授業は、教科書は一切使わず、自作のプリントで、ノートは執らなくてよい、暗記はするな、というユニークなものでした。松本先生は昼、職員室ではなく、私たちの教室に来られて、私たちと弁当を共にされました。生徒との時間を少しでも多く持つためです。

松本先生は、小学校での九年を経た後、中学校での第一年目でした。笹倉先生は、大学で化学を専攻された方で、一年前から比延中学校の校長として赴任された堀口安次郎先生（住居が隣だった入浴中の堀口先生に頼んで、教師になったとのエピソードを、笹倉先生から聞いたことがあります）と同じく、二年目でした。松本・笹倉先生は、共に独身で二七歳前後、松本先生よりも笹倉先生の方が少しだけ年上だったかな？　私たちの二組は、クラスの歌を作ろうということになり、募集して得た数点の中から大内信男君作詞の「若竹の歌」に決め、音楽担当だった教頭の吉田五衛先生に作曲をお願いして、出来上がりました。クラスの新聞「若竹」（ガリ版刷り）も何回か発行し、クラスの結束は固くなり、ホーム・ルームの後などことある毎にみんなで「若竹の歌」を歌いました。笹倉先生担任の一組も、二組に劣らず、クラス活動をやっていました。

私は、一年当初から野球部に入っていたのですが、九月のある日練習を開始した直後に、笹倉先生が運動場に来られました。先生が野球部の先生（監督）に話をつけられたので、私は心を残しながらも練習を打ち切り、笹倉先生と共に、井野静男先生や数人の生徒仲間の待つ教室に行きました。そしてすぐに、幻燈の録音を開始しました。これが、私と演劇（部）との出会いでした。（「幻燈の録音」？　何のことだか、多分分らないでしょう。それは、この後追って、明らかになるはずです）

## □「東雲」の一文

まず、西脇東中学校創立五〇周年記念誌「東雲《しののめ》」（一九九七年三月一五日発行）の第一五五〜一五六頁に載せられた次の一文です。

### 笹倉先生との思い出　　門脇　一司（小谷）

入学時は比延中学であり、比延第一小学校の校内に校舎がありました。一組の担任が笹倉五郎、二組が松本巧先生でした。

二年になったとき、一・二組が合体して一つの教室で学ぶことになりました。

秋に新装なった西脇東中学に移転しました。

笹倉先生は、東京工大で化学を学んだ人でしたが、数学・理科の授業、理科系のクラブ活動はもちろんのこと、松本先生と共に担任としてのクラス活動、井野静男先生と共に演劇・幻燈・人形劇・放送の指導や短歌にまでと、広く深い知識・知性をそなえた人で、全身全霊で私達生徒と取り組むのです。私達は親しみを込めて、五郎サンと呼んでいました。いつもニコニコしていて、余程のことがない限り怒ったことはありません。唯一怒った場面は、私の中二の作文「Y君」の中にあるぐらいです。

しかし、当時の前近代的な教育行政の嵐の中で、私達三年の秋の修学旅行直後に、本意なくも追われて西脇東中を去ることを余儀なくされるのです。そして、皆が悲しみます。

その様子等を、短歌集「稚魚」（一九五六・一・二五発行）から引用紹介いたしますと、「北風にふかれて寒し我が恩師一人淋しく比延別れ行く」「想い出は次々と頭に浮かべども師に書く言葉なかなかに出ず」「帰郷した恩師したいて集いよる友がひとみも涙うかべて」（私）、「いつもならチョークのついた上衣きて声張りあげて話されるんだがなあ」（以上、生徒）、「生徒《こ》ら寄せて久遠の光夜もすがら説きあかしたる君にてありき」（宇野章三先生）、「狂乱の怒涛に須臾《しゅゆ》もゆるがざる防堤の如き君去りゆくか」（松本先生）、「慕い寄る眼に触るるたぢろぎを君は眼鏡の底にひそめつ」（井野先生）、「苦しみを与えしになお子らよこの貧しき教師を慕いてなくか」「手をとりてはなさざる児よ悲しとはかつて言わざる汝にあらずや」「速度増す汽車の手すりに群れすがる手をば払いつ心痛みぬ」（以上 笹倉先生）。

ちなみに、笹倉先生の第二首の児は私であり、私の処女作「父の顔想い浮べて進路問う用紙に吾は進学と書く」は冒頭に出ていますが、私の絶唱「真実を教えてくれた師《ひと》の居ぬ孵卵器のある教室《へや》に来てみる」は当時の配慮で載せられていません。そんな時代でした。（門脇注＝孵卵器のある教室とは理科室のことで、笹倉先生の仕事場でもありました）。

井野先生が右の歌集のガリ版を切っていたのと同じ時期、笹倉先生も「西脇東中演劇部三年の歩み」を東京で執筆していました。大学ノート二百頁近い貴重な記録は「あとがき」の日付が「一九五六・二・二二」と記されています。四年前の夏、私達9回生が開いた同窓会の席（卒業から三六年目）で出てきたものです。

笹倉先生は、東京で結婚され、さてこれからという時に、幼い二児を残して不慮の事故にて無念にも帰らぬ人となってしまったのです。ですから、このノートは遺作です。

ノートには私達が必死で演じた宮沢賢治原作の劇「貝の火」についても多くの頁がさかれています。【貝の火は燃えたのです】

私の人生は、その後、西脇高、京大を経て、シオノギ製薬へと進み、停年迄あと三年余りの現在ですが、最も輝き煌いていたのは、五郎サンや多くの友人達と過ごした中学時代なのです。

本年は賢治生誕百周年ですが私達は、生まれ変わった賢治と、否、賢治を超えた人と共に生きていたのかも知れません。

以上が、「東雲」の一文です。（この一文が載せられたスペースは、もし笹倉先生がご存命だったなら、先生の文章が載せられていたはずの箇所です。代わって私に、原稿依頼があったのです。松本先生の文「雑感 草創の賦」は、私の文の前に、載っています）。

## □中二の作文「Y君」

次に、演劇部の活動ではなく、クラス活動の一種とでも言いましょうか、二年生の時に書いた四百字詰め原稿用紙一七枚の作文を、紹介いたします。

これは、一年後に卒業文集の中の一つとして、収められる予定でしたが、国語教科の担当でもあった松本先生が、私たちが三年のときに、京大へ研修のために内地留学されて、西脇東中を離れられていましたので、発行されないままとなりました。文中、人名がアルファベット書き（A君とか）になっているのは、学校内外の勢力からの圧力をすでに感じとっていた一四歳の少年が、同級生に迷惑が掛からないようにと、精一杯考えた幼い知恵とでも言うべきものです。

タイトルに係わるところ以外は全て、当時（原文）のままで示します（ただし、小さく注釈は加えました）。S、M先生とは、笹倉、松本先生のことです。タイトルと文中の彼の名は、イニシャル（匿名化）にしました。書かれた内容が、考え方によってはかなり深刻・微妙なことにも触れていますので、今回公刊するに当たり、彼とその家族に配慮したためです。

## 「Y君」　中二　小谷　一司

小学六年の時、二組へY○男という大きな身体の生徒が転校してきた。私たちの一組と二組とは全然交わりがなかった。したがって、Yという生徒についてはあまりよく知らなかった。あまりよい感じの存在ではなかった。すぐけんかをするから……。

中学校へ入っても、やはり乱暴者でちょっとしたことでもすぐ暴力をふるうくせがあった。だから、Y君は好きではなかった。組も違っていたのであまりよく知らなかったから。

しかし、四月に入り私たちも二年生になった。が、校舎の加減で二年生は一つの教室で勉強することになった（五教室しかなかったため）。ところが、Y君に対してなんだか気まずそうなそぶりをする者が多くいるということを知った。例えば、Y君に話しかけられた者は、乱暴されやしないかという不安と軽べつしたようなそぶりをする者が多かった……。私は前からうすうすは知っていたが、二年生になってよけい強く感じた。Y君はずうっと前から知っていたらしいが……

（なぜ自分がそんなに嫌われるかということを）。

五月に入ったある日、とうとう起こるべきことが起こった。

それは――

Y君がT君（卓二君・今は故人）に「おまえは何でそんな顔をするのや！　わしの口がくさかったらくさいとなぜわしに言わへんのや！」と言った。T君も身体は大きいが、Y君は二年生で一番大きい。T君は「僕はそんな顔しやへん」としきりに弁解したが、「いいや、した」と今にも殴りかからんばかりに……。「僕がしたんやったら、あやまるさかいに」、Y君は「したのやったらて、したのやもん、しょうないやないかい」と唇をぶるぶるさせ、涙を流しながら……。T君も真っ青な顔をして泣き出した。私はこれまで、いやこの時もY君が怖かったが、もう仕方がなかったので、「Y、もうよいやないかい。やめとけ。T君もあない言うとるし」といった。が、Y君はとんちゃくしない。とうとう殴りかけた。誰も止めることはできない。私はA（彰）君に「S（笹倉）先生を呼んでこい」と小さな声で言った。Y君は泣きながら殴りつける。私はその気持がわかるような気がした。しかしだからといってこんなことが……。すぐS先生が来られて、ふだん生徒を叱ったことのない先生が、この場を一目見るなり、「やめろ！　やめんか、やめろ！」と大きな声でどなられた。自分より身体の大きい二人の生徒の中に入って……。一応けんかはおさまった。（注＝右の口臭はニンニク臭です。当時、これを食することは、まだ一般にはありませんでした）

私は、こんな争いを止《と》めることすらできないのかと思うと、涙が出てきた。

しばらくして始まりのベルがなった。みんなは工作の道具を持って下へ降りていった。Y君は南側の窓にぼんやりもたれていた。私は雨が降るので道具を持ってこなかった。だからサボることにした。

Y君に話しかけた、「けんかなんかせんと、なぜホーム・ルームにかけへんのどい」と。そしたら「そんなことしてみんなが認めてくれると思うか。お前ら勉強ができるさかいに皆も賛成してくれるけど、おれは勉強がアカンし、お前ら日本人とは生まれたときから違うし、それで皆がいやな顔をする。だから、やっつけてやるのや」とヤケクソのような言葉。私はギクッとした。「ホーム・ルームは誰のためのものだ？〔男子にはクンをつけ、女子にはサンをつける〕そんなことを決めるのがホーム・ルームなのか。そして、人種が違うというだけでそんな差別をしなければならないのか」と思った。「君はそんな気持を起こすけど、いや起こすのが当たり前かも知らんけどな、君のことを心配する人もあるんやで。例えば、S先生やM（松本）先生」。「それはわかっとるけど、先生ではS、M先生、生徒では君ら二、三人の他は皆、おれの顔さえ見たら、顔をしかめるようなヤツばっかりやないかよ。物がなくなると、おれの顔をじろっと見るヤツもおる。だから、おれは学校に来たくない。それに、月百三十五円の定期集金も、母や父に〔くれ〕といったら、〔そんな金どこにあらい。いるねやったら、お前の手でその金を作れ！〕と言う。だから、おれは働き口があればどこへでも行く。それで、これまで、よう学校を休んだんや」というようなことを言い、さらにまた「バラックみたいなせまい家に三つの家族がおるし、おれんとこら六じょうの部屋に一家五人暮らしや。これで勉強できると思うか？」と半分訴えるように、半分皮肉るように……。雨の降る窓の外に顔を向けたままY君は話し続けた。先生のこと、生徒のこと、家のこと、それに社会のことについて話してくれた。その言葉の中は、あの乱暴者のY君とは思えない見方だった。多少反感的ではあったが……。

その日の放課後、Y君のことをS先生に話した。先生は「Yが乱暴なのはY一人の責任ではない。これは社会全体の責任だ。しかし私たちは社会の責任として片づけるわけにはいかないのだ。それを良くするのが担任の役目でもあるし、人間に与えられた仕事だと思う。気の毒な人を助け、明るく楽しい世界にするのが本当の人間だ。君がYのことを心配して相談してくれたことは非常に良いことだ。人の不幸をいっしょに悲しんでやれるということは非常に美しいことだ。君はこの考え方を今後も持ち続けてほしい。Yは友達も無いし、家も面白くないらしいから、できるだけ接触してやってほしい」と言われた。

それから一週間くらいたったある日、席の並び替えがあった。

後ろの黒板に席順の書かれた紙が張られた。皆は張られた紙を見ながら思い思いのことを話している。私はY君とで、真中のすじの一番後ろだった。すぐS先生が来られて説明された。説明しながら、私の顔を見てニヤッと笑われた。こうしてY君と私は並んだ。

Y君は日がたつにつれ私と仲良くなった。そして乱暴なしぐさはしなくなり、ホーム・ルームには建設的な意見さえ出すようになった。そしてみんなもようやくY君を認め始めた。Y君にとって、ようやく学校は面白いものとなった。

そして夏休みに入った。七月下旬のある日、私はI（生田）君をさそった。Y君の草取り（アルバイト）の応援に行くのである。Y君の言うところによると、役場の水田の草取り五回を千円で引き受けたのだ。神主さんの家で草取り器三つを借りて、Y君・私・I君の三人は自転車に乗って引き受けた田へ行った。なかなか大きな田だった。「今まで二回やったので今日は三回目、あと二回するとよいのだ」とY君が言った。同じクラスのM（雅信）君（比延町）が遊びに来ていて、それでは手伝ってやろうと言ってくれたので、四人で三丁の器具を変わりばんこに使うことにした。が、Y君は最後まで一人休まずにやり続けた。Y君一人では五時間かかるところを二時間で片づけた。身体にかかった泥を落としに塩滝へ行った。午前一〇時ごろで、ちょっと冷たかったが、泳いだ。

やがて八月となって、Y君が鳥取のおばあさんの家へ行っているときに、家が野村町へ引っ越したとのこと。（門脇注＝野村町は、校区外であるが、彼の転校はなかった。ちなみに、後出のH君は校区外からの自転車通学であった）

楽しい夏休みも終わって、学校が始まったが、Y君は鳥取から帰ってないらしく、休んでいたが……。

こうして、Y君は毎日毎日が楽しくなったようであった。

ところが、一〇月×日のことだった。

どれ寝ようかと思って寝床へ入ろうとしたら、「一司くん、一司くん」とI君らしい声がした。こんな夜にどんな用事やろと思って行ってみると、やはりI君だった。「じき服にかえてくれ。どうもY君のお父さんが生き埋めになって死んだったらしいのや」。I君の後ろにはS先生とF（藤本）君が真剣な顔で立っていた。少々あわてながら、服に着がえた。「行ってくるぜ」と父に言って、自転車を出した。

外の空気はひんやり冷たかった。空には星がたくさん出ていた。

S先生の語られたのは「二〇分ばかり前、F君とI君が（学校へ）来て、〔これ、Y君のお父さんの名前と違うのか〕と言って、神戸新聞を持って来たのや。調べるヒマもなく、こうして飛んできたというわけや」と。

私たち四人は「どうかY君のお父さんではありませんように」と心で祈りながら、誰も口をきかない。ただペダルをふむ音と発電のガーガーいう音だけだった。

野村橋をこして、やっとY君の家のある朝鮮人部落へついた。が、Y君の家がわからない。そこでS先生がレンガ屋で、「Y○男君の家はどこですか」と…。そしたらマスターらしい人が「Yという姓は多いですが……」。すぐ先生は「土砂のため生き埋めになられたかという……」。「ああ、それなら」と言って案内してくださった。軒と軒の間の細いぬかるみの道を通って……。混雑している家の前で「Y○男君の家はこちらですか」と先生。「はあ、そうです」。《万に一つの望みも切れた!》「学校の者ですが○男君いますか」。「はあ、○男ー、学校の先生が来てくれているぜー」と言って、他の人と今度は朝鮮語で話しておられる。すぐ、Y君がアンダーシャツ一枚の寒そうな姿で出てきた(私たちは学生服を着ているのに)。

「悪いことやったなあ、いつ鳥取から帰ったんや」「今日の朝です」「ちょっと前に新聞を見て初めて知って、飛んで来たんや」「もう葬式すんだのか」「はい」「これからどうする?」「あてあらへんし、ただ働くだけです」と、先生とY君の会話。私は涙がひとりでに出てきた。Y君は顔には全然表さない。これまで苦労して来たためかと思うとよけいかわいそうだった。いや顔に表さないだけに、その心の中はよけいつらいかも知れない。私は小学四年のとき母を亡くした。しかし後には力強い父があった。その父にすがることが今もできる。しかしY君は母と姉と一しょに妹や弟を助けて行かなくてはならない。しかも母も姉も女である。

「明日あたりもう一度全部そろってくるから」ということで帰ることにした。帰るとき、Y君の背中をたたきながら、「自分も母を亡くしたときはガックリ来たけど、今はこのとおりや。力を落とさんとしっかりガンバレよ」と先生に聞こえんように小さい声で言った。そしたら笑いながらうなずいた。それでほっとした。さようならと言って別れた。

家へ帰ると、新聞を読んでいた父が「どうやったんや」と聞いたので、簡単に話した。妹が顔をしかめながら「あのカッチャンが仲良しの朝鮮の子んとこへ行って来たん？」と言ったので、「お父さんが死んだったんやぞ。かわいそうやと思わへんか。うっとこかてお母ちゃんが死んだやろ。それと同じや。誰でもお父さんやお母さんは大事やろ」と言ってやった。妹はだまってしまった。

寝床へ入ってから、妹の言ったこととY君のことを考えた。朝鮮人、その言葉を聞いただけで、軽べつしたりすることは、間違っている。それは一番いけないことだ。それから、Y君にどうしてやったら良いか、また明後日のホーム・ルームのことも……。いつのまにか眠っていた。

日曜を中に一日おいた月曜日の一時間目のホーム・ルームで、Y君のためにお金を集めようと決まった。

方法は、夏休みに引いたガンビ*の金〇〇〇〇円と、香料箱を作りそれで集めるという二つあって、他に育友会からもすこし出ることになった。そこで、二年生全体のホーム・ルームを理科室

*ガンビと記したのは鴈皮・ガンピのことで、コウゾ・ミツマタと同じく和紙の原料。山に自生している低木で、樹皮を乾燥させたものは、高くはなかったけれど、業者が買ってくれました。

で開いた。一組で決めたことが再確認された（ガンビの金とは、夏休みを利用して塚口の山へ希望者多数が弁当持ちでガンビ引きに行った、その売上金のこと）。香料箱を作り香料を集める係に五、六人希望者があった。希望者が、明日の放課後、Y君の家へ行くこと。などが決まった。

そのあくる日、学校へ行くと、「香料箱」と上手（？）な字で書かれたボール箱が、教だんの上にちゃんと出来ていた。私は持ってきた銅貨二枚を入れた。持ってみると、たくさん入っている様子だった。やがて放課後となって、各々自転車を取りに帰った。そして集まって来た。持って行くお金は、ガンビの金（前から気の毒な人を救ったり、なんか役立つことに使おうと決めていた）、香料箱によるのが〇〇〇円（この中には前分校の二年生が引いたガンビの千二百円の内の三百円が入っている。前分校の人はY君のことをまだ知らないのに……。男は家まで行ってくれることになった）、育友会から〇〇〇円、一部の先生が〇〇〇〇円と、合計〇〇〇〇〇円だったそうだ。

私たちは列を組んでY君の家へ向かった。思い思いに隣の者と話しながら、やがて家へついた。S、M先生が入って行かれた。私たちは道ばたで待っていた。しばらくしてS、M先生とお母さんが出て来られ、S先生が「Y君は今いないそうだ。Y君のお母さんがお礼を言いたいが日本語が話せないから……」と言われた。Y君とは目の細いところがよく似たお母さんである。私たちに向かって、ただていねいにおじぎされた。涙を流さんばかりに……。私はそれを見て、言葉の通じたあいさつより、よけいに哀れに、よけいに嬉しく思った。これでよかったんだと思った。

仏前に線香をあげることになった。代表で、委員長と副委員長（男女二名ずつ）・一組二人二組二人で計四人が行くことになってしまった。私は、一昨日来たから誰か代わってくれと言ったが、誰も代わってくれなかった。仕方なく上がった。上がったとたんが仏前だった。私が線香に火をつけた。他の三人は目を閉じて手を合わせていた。みんなの待っている所へ帰った。

S先生が「今後もこれまでのように気の毒な人・困っている人を助けるということを続けていってください。お願いします。《このときは、S、M先生は私たちの担任ではなかった。二日ほど前に替わっていたのである。残念だったが……》（門脇注＝この《　》書き部分のことが、今後全編を通じて、重大な意味を持つことになります。ご記憶ください）。待っていてもしょうがないから帰ろうか」と言われた。なんだか心残りがあるようだったが帰ることにした。お母さんの嬉しそうな顔を後にしながら……。

私ら二、三人の者はM先生を自転車で野村駅*まで送っていった。M先生が自転車から降りられたとき汽車が来た。「おかげで間に合った。ありがとう」と口早に言って改札口まで行かれた。が、すぐ引き返してきて「ちょっとちょっと、誰か一〇円貸してくれんか」。I君が一〇円出した。「すまんすまん」と言って……。「先生さようなら」と言ったら、人の良さそうな赤い歯ぐきを出してニヤッと笑って手を振られた。帰りはM先生の話しをしながら帰った。

それから、Y君は学校へは来なかった。多分家のことが忙しく、学校なんか来られないのだろうと思っていた。

*後に国鉄がＪＲになり、「西脇市」と駅名を改称

私とH（堀口）君は二度ばかり行ったがいつもいなかった。鳥取へ行ってたらしかった。

一一月に入ったある日、ヒョッコリ私の家へ遊びに来た。そこで、「よう、どないしよったんどい」ということで話しをしながら学校へ行った。幸いにもM先生は図書の整理で居られた。「M先生、Yが来とるねや」と言ったら、M先生はすぐ出て来られた。いろいろ話しをされ、たずねられた。Y君は笑いながら答えていた。そこへ、S先生も来られ、また気象班のI君、F君も来て、なつかしの言葉を交わした。

それから、またY君は学校へ通いかけた。

やがて冬休みとなった。正月もすんで、休みも終わって、学校が始まった。が、Y君の姿を教室で見ることは出来なかった。

ある日 西脇から通っているH君が「Y、硫酸で顔中ヤケドして、包帯を巻いとる」と言った。私は二、三日前、西脇へ行ってたら、重春橋の上でY君と出会った。「どないしよるのや」と聞いたら、「新聞屋、開店や」と言って、新聞を自転車の後ろに積んでいた。あのときは包帯もしていなかったのに……。

大相撲初場所の千秋楽の日、ヒマだったのでテレビを見に行った。背中をコンとついたので誰かと思って後ろを向くと、Y君がお母さんを自転車の後ろに乗せて、ニヤッと笑って通り過ぎた。顔にはぐるぐるに包帯を巻いていた。

土曜日のホーム・ルームで、Y君、弘っさん、山田さん、冨美子さん等に激励の手紙を送ろうということになって、持って行く人まで決めた。月曜に持ってきて、集めて、持って行くことになった。

ところが月曜日に、冨美子さんもY君も久しぶりに顔を見せた。嬉しいスカタンであった。「硫酸の入ったツボを運んでいたら、こぼれやがってのう、顔の上へ。ものすごう熱かった」と言うY君。耳の付け根のところが白くただれたようになっている。

今日もY君らと相撲をした。今日のような日ばかりだったらなあと思った。いつまでも続けてY君が学校に来られるような……。

おわり
一九五五年二月四日　立春

五一年後の今、若干のことを、追記しますと……、一九九二年、この作文「Y君」を再読されて、松本（M）先生は、次の感想・評を返礼の葉書に記してくださいました。

過去を振り返って、何とばかなことを、ということの多い中にあって、今も脈々と息付いている、瑞々しい珠玉のようなこの心情は、まさに貴重な物語の一つである。笹倉先生の遺志の見事な開花であるといえよう。読み返し、ともすれば衰えがちなわが心の奮起に資したい。


こう、松本先生（今は八〇歳?）は記されましたが、私たちは、笹倉先生と二人三脚で松本先生にも教えてもらったのですから、「松本先生の教えの開花」でもあったのです。

「再読されて／松本先生」と記したのは、作成当時、国語教科担当だった先生に提出していたからです。実は、これよりも前に私は、「母とヨウカン」と題した四百字詰め一〇枚ほどの作文も書いていました。その要旨は、「病になってしまった母とのことを、川下神社の縁日で なけなしの小遣いで駄菓子の羊羹（名だけは銘菓「夜の梅」）を土産に買って帰り、母が涙して喜んでくれたことを、そして、やがて死に至るまでの経過を、そして（母と）私の心情を」綴ったものでした。松本先生は、悲しみや苦労といった言わば個人的な事柄を記したこの作文よりも、社会性に富むという観点から「Y君」の方を、より高く評価されていました。

作文中に、ホーム・ルーム／「香料箱」／担任替わりのことが出ていますが、少し補足しますと、ホーム・ルームは私が主唱して新担任のF先生に断って開いたのですが、「香料箱」係を引き受けてくれたNHさんはF先生に呼ばれ「どう思うか」と聞かれ、「この事はみんなの気持です。先生に意見されることはないと思います」とキッパリ答えたそうです（彼女からの最近の手紙）。ちなみに、二〇数年前の私たちの同窓会で、（どこかの中学でストを主導する側になったそうで）このF先生が「昔君らが言っていたことが、ようわかるようになった」と語られたのは、全くの驚きでした。

なお肝心の、Y君のその後について、ですが……。

結局は卒業出来ないまま、彼にとって決して暖かくはない日本社会に、しかも中学生の年令で飛び込まざるをえなかったのですが、劣悪で危険な労働条件下で働くことを余儀なくされて亡くなった父に代わり、家族を養い、苦難を乗り越え、不屈の努力を重ねて成人し、今では、二人の子を持つ家庭の立派な父親となっています。

その間の模様・後日談は、それだけで恐らく一つの物語になると思われますが、それを書くことは、本人でない私にとっては、その重さの故に力のはるか及ばないところです。

一番年長の孫は国立大学の三年生で、同級生の中では、多分最年長の孫をもつ父親です（二〇〇六年春）。私とは、今も「俺・お前」の仲です。賀状の交換は絶えたことはなく、同窓会には常に出席しています。

## □ 短歌集「稚魚」

次に、私たちや他の先生たちが、笹倉先生とのことなどを、どう感じていたかを、左の短歌集から見てみましょう。

演劇部は、笹倉、井野の両先生の指導になるものなのですが、先に「東雲」から引用した文中にあるように、笹倉ノート脱稿とほぼ同じ頃（一か月前）に、井野先生が編集者となって発行されたのが、この短歌集「稚魚」です。

わら半紙に印刷されたこの短歌集の表紙は、横書きで「稚魚」「1956・1」「西脇東中学校」の文字が、井野先生の手でガリ版のツブシ字で、書かれています。

鉄筆で刻まれた字は、プロの筆耕士も兜を脱ぐであろうと思うほどの、見事な・美しい筆跡で、活字で示さざるを得ないのが、残念なほどです。

【注】「＊」を付した短歌は、笹倉先生送別歌会において詠まれた歌、または（送別歌会ではないが）笹倉先生とのことを詠んだ歌。

「x」は、発行当時、ある圧力によって、削除されていた歌（発行時、井野先生は申し訳ないと詫びられました。発行された物をよく見ると、「腎臓を……」の歌の後に一行・一首分だけが空白になっており、ガリ版を切ったときは文字があってその後に修正インクかで消して、本印刷されたものと思われます。他にそんな空白はありません。つまり、井野先生は、校長か誰かに言われて削除された、可能性が高いと思われます）。

「・」は、笹倉先生が西脇東中を去るに際して、生徒を思っての歌。

「一般の部」では、松本・笹倉・井野の三先生の歌は掲載されたまま（全て）ですが、その他の方の歌は、笹倉先生のことを詠んだ歌だけに絞らせていただき、その他の方々と歌については、紙面の都合上、誠に僭越かつ勝手ながら割愛させていただきました。

## 生徒の部

小谷一司

父の顔思い浮かべて進路問う用紙に吾は進学と書く
日曜の務め草引き忘れ果て父のぐち聞き「定期集金《おかね》を」と云えず
ぶち切り*の重さ増すのをおぼえつつあと一息と土にむかいぬ

＊ぶち切りは、つるはしや鍬のような農具の一種

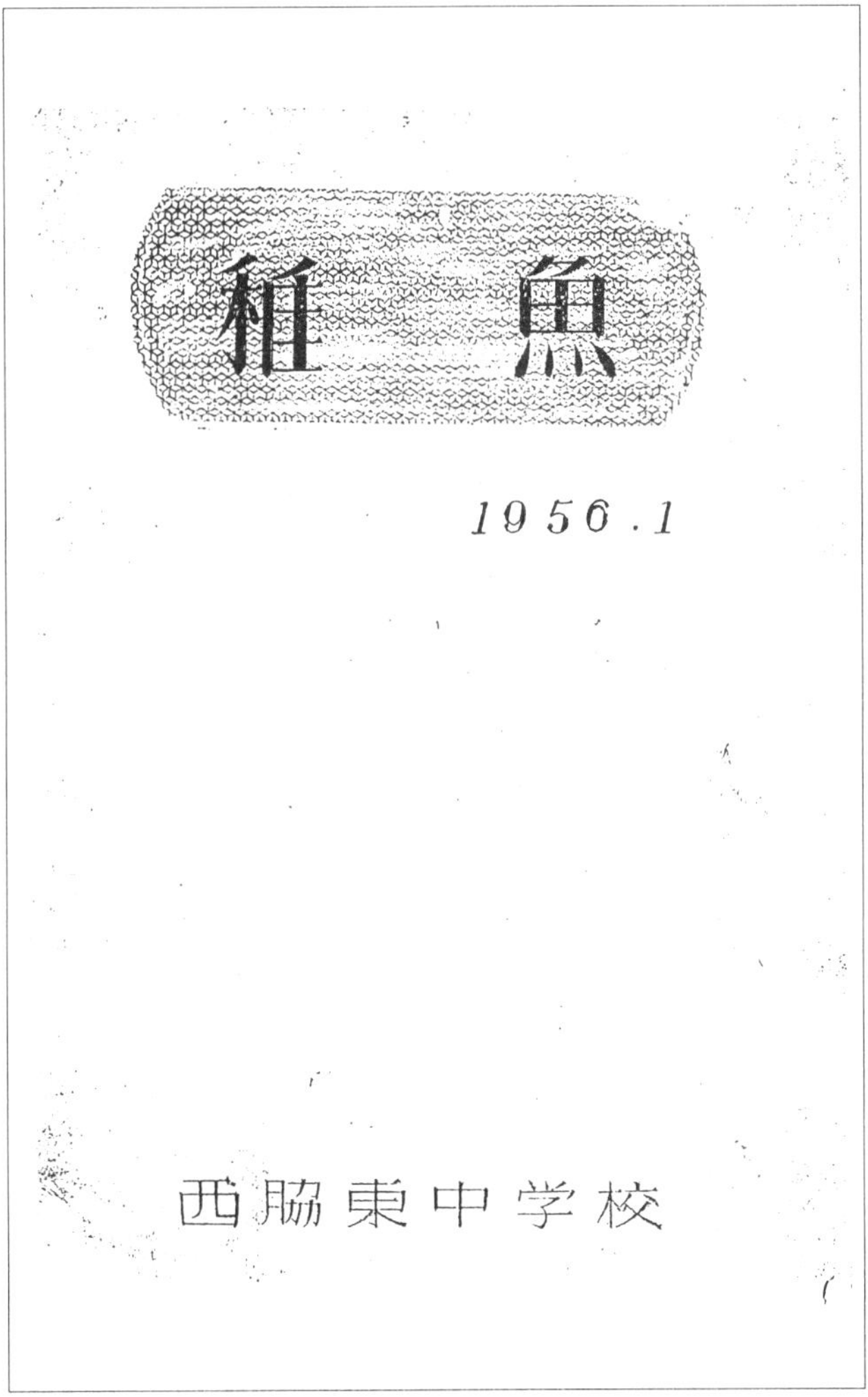

稚魚

1956.1

西脇東中学校

編集者・井野静男先生の筆跡による
ガリ版刷りの短歌集「稚魚」（Ａ４判四〇頁）

手伝いで初めて稲刈る我に父手をきるなよと繰返し言う
＊帰郷した恩師したいて集いよる友がひとみも涙うかべて
＊別れゆく恩師の最後の授業きき思うは遊びし日野のことなど
夕飯のあとすぐ床に入りし吾火なきトラックの父を思いぬ
腎臓を病みし妹枕辺に長く使わぬカバンを置きぬ
x真実を教えてくれた師《ひと》の居ぬ孵卵器のある教室《へや》に来てみる

大内信男

れんげ田で鍬もほうり投げ親子相撲がっぷりくんだ父のかよわさ
夕暮れにかつぎし鍬も重そうにたった一人で母帰り来る
スクーターに乗って間もない僕の父無事に帰れば胸なでおろす
提灯をつけて脱穀の後始末身にこたえくる籾だての重み
今日も又秋空高し田の中で正午のサイレン遠くで聞こえる
稲刈りやひと汗かけば十時過ぎ母とわけ合う納豆のうまさ
＊いつもならチョークのついた上衣きて声張りあげて話されるんだがなあ

生田隆子

朝風に親子の雀なきながら鯉の腹をばくぐりいるかな

コスモスを自分で咲かせた嬉しさに牛小屋までも飾る我かな
前栽のやさしく開いた山茶花の花びら見れば祖父思い出す
＊図書室の前にはりたる先生の短い便りにあたたかみあり
ざくざくと小さな私の掌でふっくらこえた稲を刈るかな

古谷淳子

ハッとして洗濯物をかたづけるまず母のから春のにわか雨
きりの朝床をたためば温かみところどころにまだ残りおり
世の矛盾をただ訴えたまでなのにわが母にさえ逆に叱られ
妹に取るなといったキャラメルが今は欲しくて生唾をのむ
株切り＊で帰宅おそいと不機嫌の母の顔見りゃ休みも出来ず

永尾康雄

明日よりは家をはなれて行く兄が大志抱けと吾に教える
美しき夕日背にうけ吾一人今日の務めとれんげ刈り居る

＊株きりとは、稲刈り後たんぼに残っている切り株を鍬などで掘り出す作業。手間はかかるが力は要らないので子どもが大きな役割を果した。

渡り鳥水の少なき池に来て真白きつばさ黒く染めいる
幾らかの紅葉残して柿の木は八つ手の花の横に立ってる
洋服の仕立てにいそしみ夜なべする姉と取り合う私作のスタンド
今日も言う母の小言を聞いていて進学する気一時は消える

大久保　和　美

おそくなり家に帰れば声もなく暗き小部屋に呆然と立つ
株きりの日毎に燃《も》えるまめの数人指し指でなでて数える

山　本　卓　二

本箱の整理をしつつ拾い読む友の手紙のなつかしきかな
＊北風にふかれて寒し我が恩師一人淋しく比延別れゆく

長　井　紘　美

次々といくら食べても飽きはせぬ今日の食後の栗ばかりは
急ぎの用もすみ急いで家に帰りつけばもはや夕仕度すんでおり
＊思い出は次々と頭に浮かべども師に書く言葉なかなかに出ず

藤本尚三

電灯を消して静かにしてみればただ妹の寝息だけ聞こえる
先生の旅行の話ききながらまだ見ぬ所想像してみる

山本輝子

家内中聞こえぬラジオにしがみつき御飯かむのもやめて聞きいる
母よりも力が強いとほめられて機械かく手も軽く思えり

（以上三年生）

蛭田守

苦心してようやくできた宿題をかばんに入れる今朝の嬉しさ
かぜひいて寝ている母の枕辺にわれはさびしく本を読んでる
学校でならった歌を元気よく歌って歩く帰り道かな

長井政代

山すそに広々したる麦畑一すじ続くたんぽぽの道
秋すぎて枯れ木に一つ赤い柿秋の名ごりをおしむ柿かな

藤本　佳代子

風の夜一人留守番させられて自分の影もこわく思えり
眼鏡かけ縫いものをする母の顔我は黙ってスケッチをする
幼児がわからぬ字をばひたすらに考えている顔のかわいさ

野田　静代

赤ぎくの中ただ一つコスモスが頭をたれて枯れはてており

生田　英機

赤ずんだ南天の実にしっとりと霧のおおえる寒き朝かな

井上　みさい

ひらひらと落ちる木の葉を友として山田に一人吾株を切る

片岡　修

トラックにバラス積みこむ土工らの裸の背《せな》に汗光りけり
日日に秋は深まり麦まきにいそしむ姿朝早くから

土本征二

新しいラジオを買ったうれしさに勉強留守となりにけるかも
菊のある机の前で母さんと短歌々々で夜はふけにけり

辻　みさえ

野良仕事昼のサイレン高鳴りてよごれた我が手うれしく見入る

武部一孝

夕食をすませた後のひとときはラジオの声を皆で聞くなり

武部　裕

井戸端のふさふさとした南天を一つもぎとり井戸に投げ入れり
井戸端にきれいな菊の花一つ空に向って開いていたり

藤井義輝

吾が背丈父とかわらぬ嬉しさにつま先立ちて背くらべをする

（以上二年生）

宮崎三鶴

ぐみの木にぐみの数ほどすがりつく幼いころの思い出があり
寝っつ読む本の重さで疲れたる手を休めてもの思い閉じる
何となく嬉しく思いぬ稲刈れば稲の穂揺れが重くこたえて
稲を刈る父母の所へいそいそと赤いおいものゆげたつもちて
ミシンふむ母の手先は細やかに白い布地に風吹きわたる

田中克代

台風がすぎ去った後コスモスがみなこけまわり花咲かすかな
早く起き洗い物やら御飯たき母の尊さ身にしみるなり
＊先生に別れの言葉言えずして心に残る二本のテープ

西田克子

夜になって遊びつかれた子供らは明日の約束かわして帰る
真夜中に目をあけてみるまくらもと猫がきちんと眠りこんでる
妹のねぶとん直し顔を見ていつかのけんかくやしくねむる
雨あがりかすかな雲にかくれいてカラスの声がこまくをとおる

飛田直子

計画をたてたけれどもなかなかに守れてゆけぬ明日があるから
前栽のつばきの木にも秋は来る幼き頃の思い出とともに
夏近し赤いパジャマに着更えればチンドン屋だと姉に笑われ
霧の朝もち箱洗う祖母の手も豊作ゆえか動きも軽く

杉山登志子

庭に咲いてるコスモスの花一輪を花筒にさし学校へ来た
木の葉散る秋の日ざしをいっぱいにエプロンにうけお針する母

大内房子

菊の花黄色に咲いた花畑霧にぬれぬよう傘をさした
あれた手でにわとりの餌をかかえつつやるが早いかわれ先とたべる
夜の九時頃母と一緒に洗濯をしながら話し合う家庭の状態

石井みちよ

お留守番母の着物をひき出して小さい子らと花嫁ごっこ

松本敏博

夕ぐれや畑にねむるからすき（唐鋤）も風の音きき霜かぶるだろう
あそびおえ何かないかと帰るぼくないと言われて柿をむぎとる
＊短歌より送別会よりも先生がいてくだされば ぼくはうれしい

北田敦子

学校の行き来遠く思いつつマフラーをそっと手にかけるなり
山茶花の花散るすその真冬なりたき火の煙眼にしみて

村上恭子

校庭の草ひく人は素朴なり額の汗を手もて拭いぬ
夕ぐれに咲きいし花のただ一つ今宵の夢を汝と結ばん

廣田興野

朝くれば窓のガラスに霜がつき窓べの花も冷たそうである
この頃は花がないため教室の菊はかなしく首たれている

あまだれのところにいたよ虫けらが雨がふり出しあわててにげた
せのびしてふと目についたくもの巣にくもと蝶とのあらそいはげし
山上　てるみ

筆箱のこわれめ見れば恋しなる小学校の学びかたなど
武部　芳枝

やぶれ傘さしてゆくのが恥ずかしく傘をたたんでぬれてゆくかな
ああ我もコバルト色の空のよう清く明るく生きたしと思う
上里　和子

妹と枕ならべてねついた後私は押されてたたみの上に
藤井　喜久代

お留守番お菓子食べよとこっそりと店の前行けば弟もきている
村上　真治

何となく胸にうれしい思いあり村の祭りを目の前にして
増田　昭

お茶つみが何か話して楽しそうに茶をつんでゆくその手の早さ
熊原　文代

外に出てあの山見れば思い出すわかれた友よおれはさびしい
小西池　英身

むずかしい宿題すませば天下晴れて心のこりないあすのたのしさ
小林　伊津子

看板にたばこと書いてあるものをこばたと書いてあるとよむ子ら
小松原　千代

母がわり炊事をすれば身にしみて初めてわかる母あるうれしさ
小松原　恭子

（以上一年生）

## 一般の部

宇野章三

＊生徒《こ》ら寄せて久遠の光夜もすがら説きあかしたる君にてありき
＊我が心写さん言《こと》のすべもがな言なき言をはなむけにせん

松本巧

南国に咲き生ふるてふ浜木綿《はまゆふ》の小さき鉢に霜下りゐたり
銀漢のいたく冴えたるこの夕機《はた》うつならし間遠にひびく
つのぐめる野面をこめてあぜやきの煙たなびくこの夕かな
物なべて若緑なるこの里の朝な夕なに雉なき渡る
廃液の汚濁の水は尚やまず魚住まずしてすでに三年
砂川に新しき杭打ちたりし世相きびしき一九五五年
「派兵は違憲なり」と明白のこと論《あげつら》ふこの日頃かな
三伏の炎すひあげ咲けるごとカンナの花は今盛りなり
台風に打ちひしがれし青稲を刈りてたつきのうれひは深し
台風の進路定まり家毎に戸は鎖されて暮れ行きにけり
「学級革命」と云ふ教師の記録を読みつつ幾度も意強くうべなふ
色着けば麦播く時期と里人の云ひならはせるた太きけやき

しぐれては庭の敷石肌ぬれて折の陽射しに光りてありぬ
＊狂乱の怒涛に須臾《しゅゆ》もゆるがざる防堤の如き君去りゆくか

寺林光子

＊鉛筆は持ちてはおれど胸せまり去りゆく君に送歌も書けず

藤本久子

＊あずま路にうつりゆかるる師の君につつがなかれと一しおおもう

笹倉五郎

うら若き乙女の声もまじりいて砂川町の怒号つづけり
たまさかの電休日なり校庭に工場の子らの喜々とたわむる
何事をせんすべもなし山村の子らの盟休いまもつづけり

造形美術の授業を見て

針金を無心にまげる子の中に立てる教師の眼はきよかりき
今日もまた心荒めり暗き職員室《へや》にすわりてチゴイネル・ヴァイゼンをきく
いつわりて巾広き肩をすぼめつつ傷つきし子よ我が前を去る
・思いふかき三年にてありきこと多き三年にてありきいま去らんとす

・フラスコの並ぶ机に落書きを拭きしあとあり去りがたき室
・喧騒とネオンうずまく首都にありて思いしはただ教え子のこと
・苦しみを与えしになお子らよこの貧しき教師を慕いて泣くか
＊たのしくも心ゆたかにむすびたる今日のつどいをわれは忘れじ
＊月ごとに育ちゆくなるひとびとの歌の心よ美しくあれ
・手をとりてはなさざる児よ悲しとはかつて言わざる汝にあらずや
・速度増す汽車の手すりに群れすがる手をば払いつ心痛みぬ
新しき机買い来て教え子のわれにあたえしコケシ飾りぬ
住所知らす手紙を出ししその帰り郵便受けをふと覗き見る
誤字多き葉書なつかしまのあたりペンひねる手を見る思いして

松山　彰

＊数々の業績《しごと》残して別れゆく同僚《とも》がこころに如何に応へん

井野静男

人各々思ひ異なり点滅のネオン眺めてバスを待ちおり
木枯らしの止む気配なし六十の父があきないに出るといふ朝
雪降れる夜のしじまを思念《おもひ》凝らす机上に新しきインクの匂ひ

木枯らしに声消されつつ街中を雑魚売り歩く女孕めり
子らの巣立ち行く日間近きひとひ《一日》かも堪へがたくして原紙切りゐる
ささやかなる集ひにはあれど歌心結びし友を忘るるな子ら
読めざるを子らの怠くる性にして叱りつつこころ塞ぎたる朝
夕立ちの過ぎし午後はも金魚売りの声久々に聞きつつ睡る
砂川の記事を読みゐる灯のもとに入り来し蛾を握り潰しぬ
眼に触るるものことごとく艶つやと光放ちて古都はしぐるる
子らの胸に刻み残せしものなきを責めつつ午後の教室を出づ
冬陽射す新墾道《にひばりみち》の明るさに心牽かれつつひとりなるかも
明日あるを待たむ心の萌し来る夜はいささかの葡萄酒に酔ふ
＊絶ちがたき絆に思い悩みつつ去りゆく君に群れ縋る生徒《こ》ら
＊育ちゆく子らの未来に美はしき夢を託して君は去りゆく
＊慕ひ寄る眼に触るるたぢろぎを君は眼鏡の底にひそめつ
＊白墨の粉の染みたるよろこびにいのち支ふる君と思ひしに

## 編集後記

私達が初めて短歌の会を催したのは昨年の一月でした。職員生徒合わせて数人が、それぞれ短歌一、二首ずつをもちよった極くささやかな会でした。

短歌を作ったり、批評したりしたことのある者は誰もいませんでしたが、みんなが自分の思ったこと、感じたことを素直に話し合い、たいそう和やかなひとときを過しました。それ以来、回を重ねる毎に参加者もぐんぐん増え、短歌を作ろうという気持が私達の間に大きく広がってゆきました……。

私達の作る歌がどんなに拙くても、私達はこの会をいつまでも続けてゆきましょう。そして、短歌を作ることによって、お互いに親しみ合い、毎日の生活に楽しみと喜びを見出していきたいと思います。

この歌集「稚魚」は歌会一ヵ年のまとめとして私達が今までに作った短歌の大部分を載せました。

（編集者）

以上が、井野先生編集の短歌集「稚魚」からの抜粋です。

ご覧になって分かるように、たどたどしいが微笑ましい一年生のものから、三年生にもなると自分の進路や家族や社会のことについて詠んだ歌もあります。

その中で、笹倉先生に関係する歌も多くありました。生徒たちと先生たちの歌です。それらは、送別歌会の様子を眼前に彷彿とさせるものと思います。この歌会の時の写真は、「東雲」（第一五六頁）にも載せられていますが、会の最後で笹倉先生が、中でも一番嬉しい歌として選したのが、大内君の「いつもならチョークのついた上衣きて声張りあげて話されるんだがなあ」でした。前出の「東雲」からの引用文「笹倉先生との思い出」には、字数制限のため入り切らなかった松本敏博君（一年生）

の「短歌より送別会よりも先生がいてくだされぱぼくはうれしい」の歌が、みんなの正直な気持だったのではないでしょうか。

笹倉先生が私たち生徒のことを、井野先生を初めとする松本、宇野などの先生方が笹倉先生とのことを、詠った歌もたくさんありました。

井野先生は、その後も教育畑を歩まれて、教育委員会にも席を置かれたようです。記念誌「東雲」には、先生の稿になる文章は見当たりません。それは、発行直前に他界されてしまったからです（闘病中の先生に、原稿を依頼するのは、酷だったのでしょう）。

私は、井野先生が亡くなられる三年前・一九九二年に、社町（西脇市の隣、加東郡。今は加東市）のご自宅に、笹倉ノートのコピー冊子をお届けに上がりました。賀状の交換は中学卒業以来続いていましたが、お目に掛かるのは、笹倉先生の葬儀の時以来三〇数年振りでした。冊子（表紙の装丁に賀状版画の一二支を再利用）を差し出すと、アルバム状の物を取り出されましたが、なんと私の何一〇年分かの版画賀状がファイルされていました。嬉しかったです。そんなに大事に、楽しみにしてもらっているなんて……。その時に初めてお目に掛った奥様から、後に一度だけ頂いた手紙の一節に、「生前の主人が、長い教師生活の中で、一番優れたクラスだったと言っていました」とありました。自慢ったらしいかも知れませんが、担任でもなかった先生の言葉です。素直に、有難く受け留めました。

思い出は、尽きせず、他にも色々ありますが、独立したそれらの話をここで羅列するよりも、後の文章の関連する箇所で、その都度述べた方が良いのではと考え、この辺りで切り上げることにいたします。ここで、当のご本人・笹倉五郎先生に登場してもらうことにいたしましょう。

II

# 「演劇部三年の歩み」（笹倉五郎遺作）

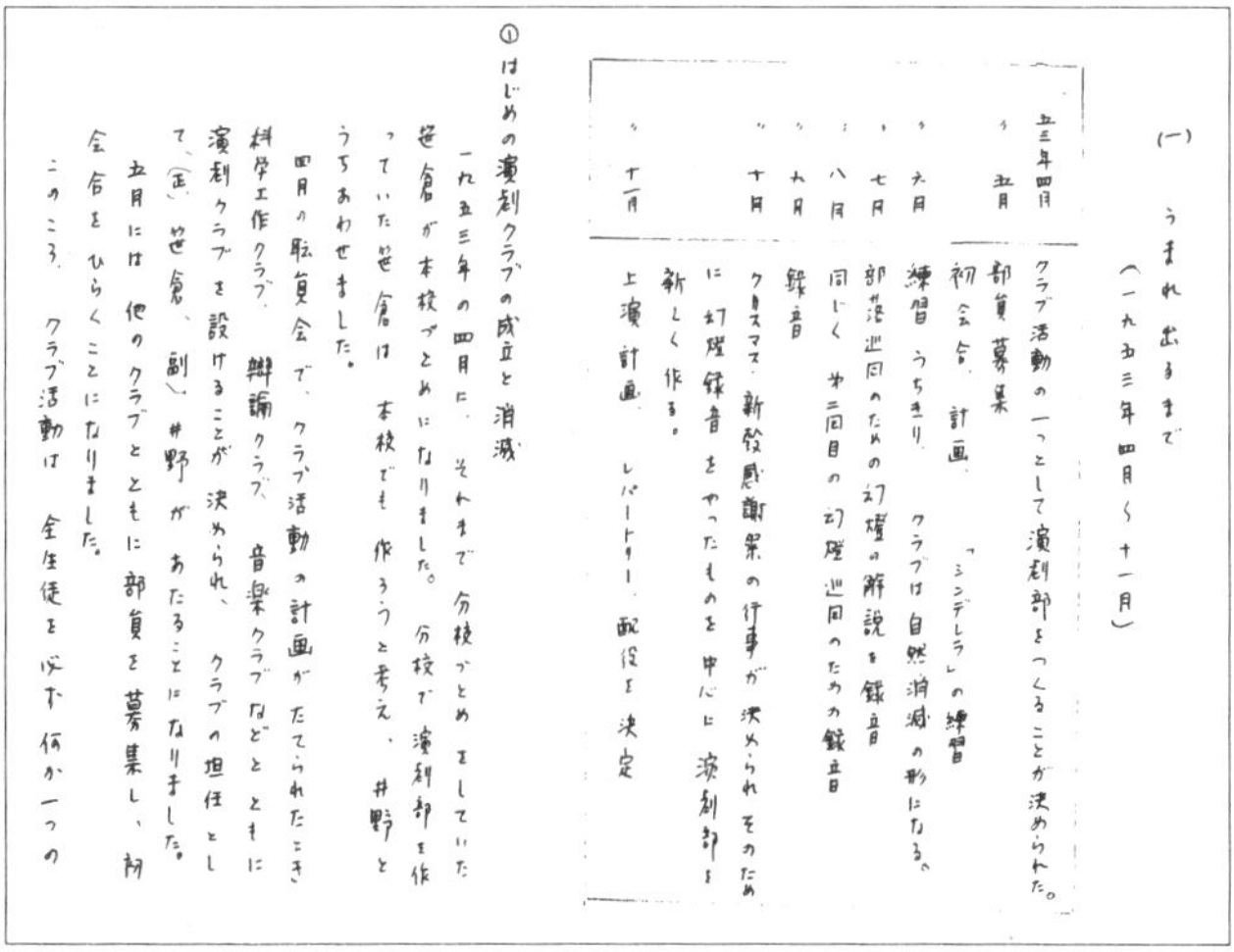

(一) うまれ出るまで
（一九五三年四月〜十一月）

五三年四月 クラブ活動の一つとして演劇部をつくることが決められた。
〃 五月 部員募集
初会合、計画、「シンデレラ」の練習
〃 六月 練習うちきり、クラブは自然消滅の形になる。
〃 七月 部落巡回のための幻燈の解説を録音
〃 八月 同じく第二回目の幻燈巡回のための録音
〃 九月 録音
〃 十月 クリスマス・新穀感謝祭の行事が決められ そのために幻燈録音をやったものを中心に演劇部を新しく作る。
〃 十一月 上演計画、レパートリー、配役を決定

① はじめの演劇クラブの成立と消滅

一九五三年の四月に、それまで分校づとめをしていた笹倉が本校づとめになりました。分校で演劇部を作っていた笹倉は本校でも作ろうと考え、井野とうちあわせました。

四月の職員会で、クラブ活動の計画がたてられたとき科学工作クラブ、弁論クラブ、音楽クラブなどとともに演劇クラブを設けることが決められ、クラブの担任として、(正)笹倉、(副)井野があたることになりました。

五月には他のクラブとともに部員を募集し、初会合をひらくことになりました。

このころ、クラブ活動は全生徒を必ず何か一つの

「笹倉ノート」から

笹倉先生の遺作となったノート「演劇部三年の歩み」を、ご紹介いたします。長文のため、門脇の責任で一部を省略・簡略化し、また、漢字をひらがなに替えるなど読みやすくしましたが、ほぼ原本のままです。波線囲みの文章、「幕間のつぶやき」と門脇注記箇所以外は、すべて笹倉先生の文章です。

## 【一】生まれ出るまで（一九五三年四月～一一月）

| | |
|---|---|
| 五三年四月 | クラブ活動の一つとして演劇部を作ることが決められた |
| 五月 | 部員募集　初会合　計画　「シンデレラ」の練習 |
| 六月 | 練習打ち切り　クラブは自然消滅の形となる |
| 七月 | 部落巡回のための幻燈の解説を録音 |
| 八月 | 同じく第二回目の幻燈巡回のための録音 |
| 九月 | 録音 |
| 一〇月 | クリスマス・新嘗《にいなめ》感謝祭の行事が決められ、そのため幻燈録音をやった者を中心に演劇部を新しく作る |
| 一一月 | 上演計画　レパートリー・配役を決定 |

### （一）初めの演劇クラブの成立と消滅

五三年（昭二八年）四月に、それまで一年間分校勤めをしていた笹倉が、本校勤めとなりました。分校で演劇部を作っていた笹倉は、本校でも作ろうと考え、井野と打ち合わせました。

四月の職員会でクラブ活動の計画が立てられたとき、科学工作クラブ、弁論クラブ、音楽クラブなどと共に、演劇クラブを設けることが決められ、クラブの担任として（正）笹倉・（副）井野が当たることになりました。

五月には、他のクラブと共に部員を募集し、初会合を開くことになりました。このころクラブ活動は全生徒を必ず何か一つのクラブに所属させるという建前になっていました。

教室の数が少ないためにクラブの数も限定され、勢い一つのクラブの人数は多く、また必ずしも同好者のみが集まるのではないため、どのクラブも活動が制限されて、実際には何にもやれないという状態が起こっていました。

演劇クラブも同じでした。最初の会合には約四〇人が集まったのですが、演劇が好きというより他に行くクラブがないとか、担当する先生が愉快だからというようなのも、かなり入っていたようです。ことに、二年・一年には、武部詢、小谷一司、大内信男などという後の演劇部の中心になって働く生徒がいたが、三年生には烏合の衆的傾向が強かったようで、脚本を読んでも、字が読めずに、一語一語つかえつかえして読み、一年生に教えられてやっと読むというような三年生のモサ連を前にして、教師の経験も浅く、分校で一〇人ばかりを相手にやっていた笹倉はまったく途方に暮れてしまいました。

とにかく、何か脚本を決めて練習して行こうということになったのですが、このたくさんの部員全部の希望をかなえ、ことに三年生を重んじ、しかも、男女別々にやりたいなどという要求に応えようとしても、そう簡単には出来ません。

初めの日には、何冊か脚本集をもって来て、希望によって、選ばせようとしたのですが、そうお誂え向きの脚本がある訳じゃないのです。そうこうして、具体的な計画もなく、劇の話などをして何回かすごしたのち、やっと、「シンデレラ」を人形劇としてやろうという考えが笹倉に出てきました。

女生徒は二年生の優秀なところがかなりいます。ここいらと、一、二年生の男子生徒で語り手をやらせれば、女の子にありがちな役の不満も起こらないだろうし、三年生の男には、人形の使い手をやらせればいい訳です。

そこで、脚本をプリントして、次の配役（語り手）を決めました。

配役（語り手）＝佃治子　永尾恵子　片岡英子　武部詢ほか

ところが、二〜三度練習するうちに女の子の間で、変な感情のこじれがあることに気がつきました。

（門脇注＝人間関係のもつれに関する部分なので、一方では笹倉先生の細やかな観察による描写を惜しみながらも、当事者たちが六六、七歳のオバアちゃんになった今、少女時代の、どこにでもある、小さないいさかいだったと、笑い飛ばしてもらえれば、その必要もないのですが、やむなくノート一五行分を割愛します）。

色々努力したにも拘わらず、いっこう練習に身が入らず、やがて笹倉も嫌気がさして、放り出すような気分になりました。

このようにして、「シンデレラ」の練習は打ち切られ、六月には、演劇クラブは自然消滅してしまいました。

こうして、最初の演劇部は泡沫のように消えたのですが、音楽部を除く他のクラブも事情こそ違え、同じような途を辿っていました。

こういう経験は、その後のクラブ活動経営に反省を与えることになりました。また、演劇部についても、のちに違った方法で再建されたのですが、この泡沫のごとく消えた中からほんの少しではあるが、のちの演劇部への地ならしと準備が残されていたことは否定出来ません。
とにかく、一応演劇部はなくなり、笹倉や井野のもくろみも潰えてしまったわけです。

## （二）幻燈解説の録音……新生演劇部の基礎

演劇部に失敗したあと、笹倉と井野は別の計画を立て始めました。それは幻燈を持って部落*の巡回をすること、その解説を新しく購入したテープ・レコーダーに録音して放送劇的なものにすることでした。

この計画は校長などにも受け入れられ、結局は、新校舎建設の説得や何かのための出張懇談会のアトラクションに利用されることになるのですが、笹倉や井野は、これによって一つの新しい途を開こうと考えたのでした。

演劇部の失敗に懲りて録音要員は公募せず、元の演劇部員を避けました。そしてやっと名前を覚えたばかりの一年生数人に呼びかけて、七月のある日、笹倉、井野と阿江の三人の先生に一年生を交えて、レコードの伴奏によって幻燈の解説を録音しました。

一、二年後には幻燈の解説を録音してやるということは常識になりましたが、当時このような試みは初めてのものだったのです。スライドは井野が借りて来ました。

録音した一年生は、可愛いく純真で、いやな気分などまったくありませんでした。それにわりあい上手で、幻燈巡回の際も好評を博しました。

このときの解説の配役は次のとおりでした。
「母を尋ねて三千里」＝山上富美子 大久保和美 笹倉 井野 阿江（先生）
「小公女」＝生田隆子 長井紘美 笹倉 井野 阿江
「ドン・キホーテ」＝笹倉 井野
この成功に気をよくして、八月中にもう一度、巡回幻燈をやりました。
大阪まで出かけてスライドを買い込み、非常に美しいスライドであったので、見事にうまく録音することを目標にして、わざわざ、衣笠久子に来てもらうことまでしました。衣笠久子は、以前笹倉がやっていた児童劇に主演したことがあり、この時はすでに高校三年生で、西脇高校のソプラノ歌手として、有名でした。
「フランダースの犬」の解説には、女声の方がいい、そうすると、中学生ではダメだというので、特別に依頼したわけです。
こののち、一年後には、生田隆子、大久保和美などが優秀な「声優」となり、彼女らで再び「フランダースの犬」をやったときには、久子のを凌ぐ出来でしたが、この時には、笹倉や井野は「うまいなァ、うちにはとてもこれだけやれるのは出来そうにないなぁ」と話し合ったものでした。
「白鳥の湖」＝生田隆子 小松原（先生） 笹倉 井野
「フランダースの犬」＝衣笠久子 笹倉 井野

＊集落のことを、かつてこう言っていました。

「耳なし芳一の話」＝笹倉　井野
「君死にたもうことなかれ」＝藤本俊子
「天空十一のなぞ」＝笹倉（門脇注＝先生の得意のところ・マクロの話です）
「台風」＝笹倉　井野

こののち、八月の中学生の夕べには「ノアの方舟」、九月の中学生の夕べには「風の又三郎」をそれぞれ幻燈でやったのです。

「ノアの方舟（はこぶね）」＝大久保和美　笹倉　井野
「風の又三郎」＝片岡英子　大久保和美　堀江勅子　山上富美子　生田隆子　山本忠彦　杉山昌章
武部詢　小谷一司　大内信男　笹倉

こうして、次第に有能なメンバーが養成されて行きました。新しい演劇部が作られる下地が準備さ

〈幕間《まくあい》のつぶやき〉

**幻燈とは？**「ここらでちょいと一休み」しましょう。「幻燈の録音」のナゾは、解けたことと思いますが、幻燈の録音・巡回について、少しだけ付言します。

テープ・レコーダーに録音し、テープを再生して、初めて聞いた自分の声が、まったく他人の声のように思え、最初はなかなか信じられませんでした（経験した人は皆そう感じるはずです）。私たちが初体験したテープ・レコーダーは、この頃に普及し始めていたものです。とても重く、持ち運びには苦労しました。巡回の時は、徒歩以外の唯一の交通・運搬手段である自転車で運

びました。これがポータブルな物になるのは、ずうっと後のことです。
ところで、この頃の娯楽といえば、日本のどこでも似たようなものだったと思いますが、わが西脇東中学校の校区では、映画（まだ白黒）を見ようとすれば自転車を駆って西脇の中心部まで行かなければならず、ＮＨＫのテレビ（これも白黒）放送はこの年に始まるのですが、せいぜい街頭テレビで見る程度で、（力道山のプロレスや大相撲が人気）それも西脇の町まで行かないと拝めないという有り様でした。ラジオは、そこそこの家庭に普及していましたが、電話のある家はまれでした。（おかげで、中学時代の私は、図書室で借りて来た本・小説を、ほぼ一日一冊近い割で読みました）
テレビは「電動紙芝居」と評されましたが、幻燈は、紙芝居と同じく絵こそ動かないものの、カラー（当時の言葉で天然色）で、音楽や擬音の音響効果も入れ、複数の配役で、物語等を予め録音した上での巡回は、子どもだけでなく、お母さんたちにも結構面白く受けとめられたようです。当時、幻燈といえば、スライドを映しながら、一人が読むというのが普通でした。読み手が、下手な棒読みだったり、つかえたりすると、観客は前のスクリーンでなく、後ろの読み手の方を振り返って、興ざめしてしまうことも、ままありました。
ちなみに、右の文で、交通手段としての自転車や音声伝達手段の電話のことが出ましたが、私がタクシーに乗ったのは大学時代（二〇歳の時）が最初で（それまではバス・電車・汽車）、電話を日常的に使うようになったのは会社に入ってからです。マイカーやケータイ電話は一人一台が当たり前の今の読者には、とても信じられないことかも知れません。　（門脇、以下同じ）

れたのでした。
これがあったからこそ、一二月のクリスマス上演が可能になり、やがてそれを基に演劇部が大きく発展したのですが、先生が一方的に人選してやるというやり方はスター・システム的な悪弊を残したことも否めません。

## （三）新しい演劇部の誕生

一〇月の職員会で、クリスマスにレクリエーションの会を行なうことが決められました。これは、昨年も本校でも分校でもやったことで、ことに本校では毎月「中学生の夕べ」をやっていることから、それをやや大規模にし、さらに生徒が作った実習田の米を会食する新嘗感謝祭と兼ねるという計画でした。笹倉と井野は、この会を演劇発表の場にしようという計画を立てました。
演劇部を募集してその中から劇をやるというのではなしに、劇を準備してその人員で演劇部を構成するという逆立ちのやり方を採ったのです。

**〈幕間のつぶやき〉**

**ガリ切り**　文章の中で「一年生のクラス活動」とありますが、冒頭で述べた、クラス歌「若竹の歌」を作り、クラスの新聞「若竹」をガリ版刷りで何回か発行し、結束を強くして行った私たち二組のことを、主に指していると思います。松本先生の担任のもとで、大内君や私ら数人が中心になって、活発に活動していたのです。大内君は大らかな性格で、私は神経質なところがあり、井野先生に「二人を足して二で割れば理想的なのだが」と評されたことが思い出されます。笹倉先生の一組も生田頼夫君や古谷淳子さんたちが活動していました。私のガリ切りの腕前は、二、三年では演劇部でさらに鍛えられます。

ガリ切りと言っても、若い読者にはピンと来ないでしょう。ガリ版（鉄製のヤスリ板とおぼしめせ）の上に、原紙（パラフィン引き）を置き、その上から、鉄筆で一字一字文字をガリガリと刻んで版を作り、それを謄写版に貼り付け、インクのついたローラーで一枚一枚刷り上げて行くのです。とても手間のかかる作業です。ガリ切りは、力が要り、疲れます。読めない字は困ります。刷るのも、インクで汚れます。今なら、手書きかワープロ、パソコン原稿を、または原本そのものをコピー機にかければ、イチコロですが……。

脱線しますが、中学でガリといえば右の通りで、高校ではガリ勉の意ともなり、大学では、ガリ切り役をカッター、刷る人をスッター、ビラ撒きをマイターと、自治会などでは作業分担者を呼んでいました。江戸時代の版画では、歌麿、北斎、広重らの原画は、彫り師・摺り師と呼ぶ、それを業とする職人がいて、初めて作品になるのだとか……。

それと、今回の原稿作成過程で私が実感したのは——、「（原稿・文章・文字を）書く・綴る・記す・（筆・ペンを）執る・置く」という表現は、今や実際には「マウスをクリックする・入力する・キーを叩く・（パソコンの電源を）入れる・切る」等の行為で得られるもので、〝書く〟などの表現は死語化して、〝入力〟するのような表現に替わるかも知れませんね。

最初「愛の学校」(クオレより)を、杉山昌章、片岡英子、生田隆子で、「あまのじゃく」を山本忠彦、武部詢、小谷一司、大久保和美などでやることにし、これらによって演劇部を作り上げたのです。

これは、天下り的なやり方でありました。しかし、こういうやり方をしなければ、やれないような条件があったとも言えます。それは、クラブ活動の経営に対する学校の方針が以前から、いい加減なものであって、自主的なクラブ活動は存在しなかったこと……。そのために、初めに述べたような失敗が起こったこと……。生徒に自主的に活動する訓練がなく、自然発生や自然成長が望まれなかったこと……。そして、先生が任命し、先生が引きまわさなければ、何も出来ないというような気分が、職員側にも生徒の側にもあり、生徒会などはほとんど自治面をもっていない状態でした。

この頃になって、一年生のクラス活動の中に、自主活動の芽が出始めた程度で、このような時、まとまった発表会などするには、天下り的なやり方が、手っ取り早く効果的でした。このように、笹倉、井野の手で生み出された演劇部は、やがて成長すると共に自主的な面での発達を大きくして行くのですが、それには、主として一年生のクラス活動が大きく作用しているのです。それなしには、クラブの自主活動は考えられなかったでしょう。

田舎の自主性に乏しい子どもの中から、自主的な活動を生み出すには、クラブ活動だけに限定してやっても駄目で、教育全体がその方向に意識的に行なわれなければなりません。

とにかく、こうして、半年ぶりに、演劇部が復活しました。

一一月には、ぼつぼつとこの演劇部入りを希望する生徒が現れ、その上、「愛の学校」の脚本はあまり感心せず、出演者も気乗りしないので、新しく計画を立て直し、一二月からは、クリスマス上演のために力を注ぐことになるのです。

先生に引っ張られたとはいえ、妬みや対立感情の多い中で、笹倉や井野の心を支えた生徒たちの功績は忘れられてはなりません。

## 【二】一九五三年クリスマス（五三年一一月〜一二月）

| | |
|---|---|
| 五三年一一月 | レパートリー　配役決定 |
| 一二月 | （六日）練習開始 |
| | （二〇日）舞台・装置・クリスマスツリーを作る |
| | （二五日）クリスマス・新嘗感謝祭 |

### （四）練習の日々

演劇部として「あまのじゃく」「えんにち」「歌をわれらに」の三つをやることになったので、足りないところは、生徒を勧誘し、最初「あまのじゃく」を松本、「えんにち」を井野、「歌をわれらに」を笹倉が、演出指導することにしました。生徒による演出などとうてい考えられなかったのです。幻燈の録音をした生徒はセリフが今までの学芸会と同じような調子ではいけないことに気がついていました。そして、練習はセリフを丸暗記することではなしに、どのように自然にものを言い、自然の仕草をするか、ということに力が注がれました。練習は、決してスムースに、行った訳ではありません。気分の乗らない時や、演技に行き詰まりを感じる時が、各人にそれぞれ出てきました。また二つの劇のカケモチがあるため、同時に練習している時に、メンバーが欠けたりすることもありました。また例の感情的対立がやはり持ち込まれました。

「あまのじゃく」は、一番早くから練習を始めました。ことに、一司が真剣でした。松本は、あまり演技に干渉せず、ただ、まとめ役として見ているという風でしたが、初めのうちはよくまとまって稽古をしているようでした。

一司は、自分が主役だということを強く意識し過ぎていました。また、彼としては「歌をわれらに」のような劇をやりたかったので、それに比べて、内容が浅いように見える「あまのじゃく」にはやや不満でした。そして、それだけに、他の劇に負けたくないという気持も強く働いたのでしょう。相手役の朝枝は、かなりデクノボウでした。一司は気分が合わないと言って、何度もやり直しをさせるため、朝枝が「一司さんとはやりたくない」と言い出すほど、ひどく当たることがありました。忠彦に対しても多少そうでした。それと共に、自分の演技にもコンプレックスを持つのでした。スムースに行く時はいい、しかし、ちょっと躓くと、もう劇が出来なくなる、というようなことが、しばしばありました。ことに、笹倉が演出に行くようになると、それが一層烈しくなりました。感情がぴったり行かない時、今までは相手に当たっていたのが、それが出来ないので、逆に劣等意識を持ち、稽古の途中で立ち往生して、ポタッと涙を落とすこともありました。舞台で稽古をするようになって、ついにどうにもならなくなり、今まで堪えていた忠彦が、「もう辞める」と言って、泣き出すようなことが起こりました。また、この劇では端役で、他の劇に重要な役についている者が、どうしても一司たちほど真剣にならないので、一司、忠彦あたりが、穏やかでなかったようです。今にも、プッツリと切れそうな張詰めた神経の中で稽古をしたという気持でした。それだけに、真剣で、熱心でした。

「えんにち」は、これに反して、魂をぶち込むことが少ないようでした。女の子が多いので、それを使う劇というような気持で、選んだ劇なので、歌ばかりで成り立つオペレッタのようなものなのにも拘わらず、あまり歌が得意な者ばかりではありませんでした。

歌のメロディを覚えるのが一苦労というところで、歌を指導する井野も、もう一つ満足出来ないまま、立ち稽古に入らなければならなかったのです。その上、二年生の女の子間に感情のもつれがありました。一年生はしごく無邪気でしたが、この感情のもつれは、最後まで残りました。

(門脇注＝前出と同じ理由で、ノート一三行分を割愛します。)

演技や歌が十分でなく、ことに隆子が上手いのに和美は歌が得意じゃないため、二人の重唱がなかなか合いませんでした。

「歌をわれらに」は、脚本もしっかりしており、配役もそれぞれ適所で、一番力を入れた劇でした。この劇の内部で感情がもつれるということもなく、一番スムースに練習が運ばれました。しかし、笹倉が出演し、演出するため、みんながそれにもたれて、引き摺られる傾向があり、内容に対して強く魂をぶっつけるところが欠けていました。色々なことがありながら、初めての上演ということで、皆それぞれに強く引っ張られ、危機もありながら、分解せずに、最後まで、がんばりました。装置作りもやはり、笹倉や井野の指導や要求がなければ、どうにもなりませんでしたが、作り始めると、積極的にやり出すものも出て来ました。ことに、藤井勲は、黙って一人で、言われもしないことを、よくやりました。勲は劇の方はあまり上手くなかったが、この地味な努力は特筆されるべきものでした。武部詢も、よく働きました。

　装置や小道具作りは、一年一組のクラス劇の方が、自主的で熱心だったようです。西脇高校からスポット・ライトを借り、スライダックがないので、バケツに塩水を入れて、コテを突っ込むという水抵抗を使い、幼稚ながらフット・ライトを作るというような、初めての照明装置も整えました。練習は、次の日割のようにやられました。この前にも「あまのじゃく」など練習はしていたのですが、本格的に始めたのは六日からです。

| 一二月 | 「あまのじゃく」 | 「えんにち」 | 「歌をわれらに」 |
|---|---|---|---|
| 六日 | 荒立ち　歌の稽古 | 読み合せ　歌の稽古 | 読み合せ　歌の稽古 |
| 七日 | 荒立ち | 読み合せ | |
| 八日 | | 一人ずつ　歌の稽古 | 素読み |
| 九日 | | 第二場　通し稽古 | |
| 一〇日 | | 一人ずつ　歌の稽古 | 荒立ち　歌の稽古 |
| 一一日 | | 通し稽古 | |
| 一二日 | 立稽古 | 立稽古 | 立稽古 |
| 一三日～一五日 | ……………学期末考査のため　練習なし…………… | | |
| 一六日 | 立ち | 立ち | 立ち |

| | | | |
|---|---|---|---|
| 一七日 | 立ち | | |
| 一八日 | | | 立ち |
| 一九日 | 立ち | 立ち | 立ち |
| 二〇日 | ……クリスマスツリー・舞台装置など作る……… | | |
| 二一日 | ……舞台稽古……………………………… | | |
| 二二日 | ……〃……………………………………… | | |
| 二三日 | ……〃……………………………………… | | |
| 二四日 | ……仕上げ（夜まで）………………………… | | |

## (五) 上演

一二月二五日、予定どおり、クリスマスと新嘗感謝の夕べが開かれました。母の会のお母さん数人が、朝から会食の準備に来てくれました。

会食後、この夕べのプログラムにかかりました。

二年生の○○が鉄棒をしていて、落ちてけがをし、井野や出演者を含めた二年生の女の子が病院へ行って、*会食に間に合わず、やきもきさせるという一コマもありましたが、午後五時、全生徒講堂でマゼゴハンに舌鼓を打ち、その後滞りなく進んで午後一一時頃終わりました。

演劇部の他に、音楽部のコーラスやバイオリン独奏、飛び入りのダンス、一年一組の全員出演による劇「白雪姫」、一年二組のクラス歌「若竹の歌」の発表などがあり、面白い夕べを送りました。

演劇部の劇は十分ではなかったけれども、セリフや動きに今までの学芸会の常識を破った洗練されたものを見せ、照明もあって、観客に感銘を与え、見物した会食準備のお母さんや小学校の先生などが「子どもでもこれだけ出来るのか。これでわざわざ西脇まで芝居を見に行かんでいい」という言葉を漏らすほどでした。

初めは、子どもの劇とばかにしていた人も感心し、こののち、演劇部の存在が、俄かに認められるようになると共に、入部者が増えて来ました。

最初の上演としては成功でした。当日のプログラムは、次のとおりです。

| | | | |
|---|---|---|---|
| 1 | 合唱 | 聖夜 | コーラス部 |
| 2 | あいさつ | | 文化部長 |
| 3 | 合唱 | 夕べの鐘 | コーラス部 |
| | 〃 | 秋に寄せて | 〃 |
| 4 | 劇 | 白雪姫 | 一年一組 |
| 5 | 独唱 | 思い出の丘 | 生田隆子・長井紘美 |
| | 〃 | 椰子の実 | 片岡英子・小谷二代 |

＊マゼゴハンは、生徒には喜ばれ、食欲旺盛な多数を相手に、作る側にも手っ取り早く、惣菜を盛り付けずに済み、オカワリ自由で、食器も一つで済みましたから、こんな時には格好の定番メニューでした。

| | | | |
|---|---|---|---|
| 6 | 合奏唱 | 若竹の歌 | 一年二組 |
| 7 | ダンス | かもめの塔 | 広田美千代・小畑ひとみ |
| 8 | あいさつ | | 校　長 |
| 9 | 劇 | あまのじゃく | 演劇部 |
| 10 | 合唱 | 久しき昔 | コーラス部 |
| | 〃 | 海辺にて | 〃 |
| | 〃 | 夢見る人々 | 〃 |
| 11 | 劇 | えんにち | 演劇部 |
| 12 | 独奏 | 秋に寄せて | （バイオリン）竹内美千代 |
| 13 | 劇 | 歌をわれらに | 演劇部 |

## （六）劇の評など

演劇部の三つの劇について、配役の批評を述べてみましょう。
配役は最初から少し変更しました。

### □「あまのじゃく」

【配役】

説明役　　　山本忠彦　　　舞台監督　　大内信男
おじいさん　武部詢　　　　その助手1　杉山昌章
おばあさん　大久保和美　　〃　2　　藤井勲
アマノジャク　小谷一司　　コーラス隊　女の子大勢
オリヒメ　　泰永朝枝

【ものがたり】

説明役が登場して、これからやる劇の説明を始めます。舞台監督に舞台を作らせ、日本に伝わる民話、娘をさらうアマノジャクの説明をしたのち、「さあ、皆さん、ここは深い山の奥ですよ。……何か始まりそうですね。ア、来ました、来ました。おじいさんとおばあさん」と言うと、おじいさん、おばあさんが登場します。二人は、今日は山びこが聞こえないからアマノジャクはいない。この間にオリヒメを一人留守番させておいて、仕事に出かけようと話し合います。アマノジャクがいないことを確かめて置かないと、一人いるオリヒメがさらわれてしまうからです。

しかし不安になった二人は、もう一度確かめるために、山に向かって呼びます。「ヤ・ホーラ・ヤ」この劇では、シンとして、山びこは聞こえて来ないはずなのです。ところが、二度目に「ヤ・ホーラ・ヤ」と呼んだ時、見物席から「ヤ・ホーラ・ヤ」と返す声がありました。筋書きにないことなので、おじいさん、おばあさんは戸惑ってしまうし、説明役も驚いて舞台へ出て来ます。

誰かが劇の邪魔をしたのです。説明役が観客に断って、劇を続けようとすると、またしても山びこが返って来ます。劇はめちゃくちゃです。怒った説明役はこれが一司の悪戯だと知って怒ります。一司は、悠々と観客席から現れ、舞台へ上がって、劇の邪魔をしようとします。彼はこの劇に出ることになっていたのが、性質がひねくれていてあまのじゃくで、役を変えられたのが不満で、こうして邪魔をするのです。

怒っても頼んでも、一司はガンとして舞台に坐り込み、動きません。仕方なしに、彼をそのままにして置いて、劇を続けることにします。オリヒメ登場、やがてアマノジャクの登場です。ところがアマノジャクをやることになっていた子が、今の騒ぎで脳貧血を起こしたと言うのです。サア、これこそ大変、オリヒメと一司だけを残して、みな舞台裏へ去ります。放って置かれたあまのじゃくの一司は、自分がアマノジャクの役をやってやろうと考え、筋書き通りに、オリヒメの家の扉に近づきます。

オリヒメの朝枝は、それがオシバイかほんとか分からず、恐怖を感じます。オシバイと分かって朝枝はほっとするのですが、「あんたのために劇がめちゃくちゃになった。あんたなんか死んでしまえばいいわ」と言ったことから、一司はオモチャのピストルを出して、「ぼくは自殺ぐらい平気だが、あまのじゃくだから、死ねといわれると死ねない」などと言い出すので、朝枝はワザと「生きてちょうだい」と言います。一司も自分のふざけが本気になって、オシバイがかった態度でピストルをコメカミに当て、「オリヒメ、さようなら」と叫んで、引金を引き、倒れてしまいます。

「大変、あまのじゃくが死んだ」と叫ぶオリヒメ、その声に、みんな舞台へ上がってきます。「アマノジャクは死んだよ」とのんきに呼ぶ舞台監督、それにつられてコーラスも歌い始める。

ところが、「ほんとに一司さんが死んだの」と言う朝枝の言葉にみなビックリ。しかし、気を失っていただけだってことが分かります。みんなの呼ぶ声に、一司はぼんやり起き上がります。今までのあまのじゃく振りは、どこかへ行ったように。
「一司くん、しっかりしたまえ。アマノジャクは死んだんだ。あまのじゃくは死んでしまった。君はただの一司くんだよ」と言う説明役・山本の言葉と共に、いとも朗らかなコーラスが響きます。

あまのじゃくめは　死にました
あまのじゃくめは　死にました
　ひねくれものの　人さらい
いたずらものの　人ごろし
　生かしておいては　たまらない
おじいさん　ほんとに　ありがとう
おばあさん　ほんとに　ありがとう

【評】

なかなか上手くやった。初めから観客に話しかけ観客の真中から主要登場人物が現れ、オシバイだか、ほんとなのか、分からないというような奇抜さと、観客も劇中の人物にしてしまう巧みさをもった脚本の面白さのために、まず、オッと思うのだが、その脚本の面白さを十分生かし、部分的には下手なところもあったが、観る者を惹き付けた。「脚本がオリジナルだったら、コンクールにも入賞できるね」という人もあった。

一司は、演技に未熟なところがあり、ことに練習中、感情を刺激しないように気を使ったので、演出不足な点がよく現れたが、練習中あれほど悩んだだけに、熱のこもった好演技であった。この上演種目中の、個人演技賞ものである。

忠彦も、よくやった。少し動きが固く、セリフもぎこちなく、ことに一司との対決では押され過ぎたが、生真面目な性格を押し通した。

詢のおじいさん、和美のおばあさん、共に好演。詢は、勝手な演技だが、特異な味があり、和美も、「えんにち」よりはるかによい。

朝枝は、ぎこちなく、ぶさいくであるが、声が大きいので救われ、熱演であった。

信男は、慌てるところ、とぼけたところが面白く、昌章、勳も大過なし。

脚本が優れていること、その要点をよく生かしたこと、熱の入った演技、各人が勝手な演技だったが、一司の強さでまとまり、忠彦で落ち着いたことなどによって、欠点はあったが、よい出来だった。ただし、コーラスが練習不足、タイミングが合わなかったのは惜しい。

## □「えんにち」

【配役】

イヴォンヌ　大久保和美　オモチャ屋のおじいさん　井野（松本）

オリーヴ　生田隆子　人形シバイの少年　武部詢

花屋の娘　山上富美子　人魚シバイの少年　大内信男
菓子屋の娘　小畑ひとみ　少女A　村井綾子
果物屋の少年　田中清子　〃B　片岡英子
小間物屋の娘　広田美千代　通行人　大勢
本屋の少年　佃治子（片岡英子）

【ものがたり】

姉のイヴォンヌは、招待された仮装舞踏会へ行くのに、自分で考えたすてきな衣装を、弟のオリーヴで試してやろうと思い、オリーヴをクツ下買いに、えんにちに行かせます。

オリーヴは、正直に姉の言うまま、えんにちへ出かけるのですが、そこで、花屋から花を、菓子屋からパンを、オモチャ屋からビックリ箱を、というように、買わされます。陽気なえんにちにいい気になっていたオリーヴが、姉の用を思い出したときには、もう店はみんなしまい掛けていました。もう暗くなり掛けたし、頼まれた用事はしていないし、店屋は皆帰るし、泣きそうになったオリーヴの所へ一人の老婆がやって来ます。オリーヴは老婆を慰め、また姉のことを心配します。老婆は、オリーヴの親切と姉思いを褒めると、マホウを使うからといって、オリーヴの眼をつぶらせ、オリーヴが眼を開けると、その老婆は実は姉のイヴォンヌの変装だった、という簡単な筋ですが、

「ど、ど、どこへ行ったやら
弟オリーヴ　かげ見えぬ」というイヴォンヌの歌で始まり、

「サアサ　みなさん　いらっしゃい
何でも　売ってる　お店です」と　えんにちの楽しい歌、
各売り子の歌、
「夕べの窓を　開いて　姉は
ぼくの帰りを　待つでしょう」という、オリーヴの詠唱、
そして、イヴォンヌとオリーヴの重唱など、歌と歌をセリフで繋ぐ程度のオペレッタ風の軽快な劇です。

【評】

隆子、治子を除けば、ほとんど歌に自信のない者ばかり、オペレッタに歌が圧倒的でなければ、どうにもしようがない。井野が出ていなければ、第二幕など、まとまりはつかなかっただろう。

演技はそう難しくないが、練習が歌に追われたため、十分ではなかった。

二年前に、学芸会でやったことがあるそうだが、それよりは、いいという話であった。

一応学芸会の水準よりは上だったかも知れないし、まあ、楽しい劇ではあった。

隆子の可憐さと、いい声と歌の上手さが、目立った。舞台の上でも物怖じせず、きょろきょろしているようなところが、かえって可愛いさを増す結果になったが、演技はまだまだのところ。

和美は、演技やセリフは不十分ながら、かなりやった。最初の出だしはよく練習したので、よくなったが、歌がよくない。老婆に扮して隆子と重唱するところは、無理であった。

売り子もまずまず。とにかく歌が致命傷。清子とひとみが、普通なら女の子が恥ずかしがるような、荒っぽい動作と衣装を、平気でやってのけたのは優秀。治子が、歌がよく、ちょっとシャレた動きを見せた。富美子は、真面目すぎて、やや固く、美千代は、声が小さく、しなを作り過ぎた。

井野は、まとめ役、引締め役として、どうしても、なくてはならなかった。

大内、詢の人形使いは、ろくに練習もしないで、舞台を一瞬暴れまわっただけだったが、景気付けにはなった。英子、綾子の二少女は、大過なし。

群衆、通行人は、急場の借り集めでめちゃくちゃ。演出にはまったく予定していなかった青年芝居的な、悪ふざけをする者があって、憤慨させた。

## □「歌をわれらに」（岡一太作）

【配役】

| | | | |
|---|---|---|---|
| 父 | 笹倉 | 二女ヘレナ | 村井綾子 |
| 長男フェレンツ | 杉山昌章 | 四男カールマン | 武部詢 |
| 長女イレーナ | 片岡英子 | 三女マルグリート | 生田隆子 |
| 二男ベラ | 大内信男 | 金持の紳士 | 井野 |
| 三男ヨハーノ | 藤井勲 | | |

【ものがたり】

ハンガリーのある街の貧乏な靴屋ヨハーノの家では、七人（原作では九人）の子どもたちが、仕事に出たお父さんの帰りを待ちくたびれています。

フェレンツは、ヨハーノにマッチ売りの少女の話をしてやり、イレーナは亡き母に代わって炊事、きかぬ気のベラといたずら坊主のカールマンは、隣のおばさんとけんかをして逃げ帰るし、マルグリートは、寝とぼけるし、ヘレナは、じっと窓にもたれています。

明日は、クリスマスなのです。みんなは、お父さんがどんなプレゼントをくれるか、それを待っているのです。

やがて街角にお父さんの姿が見えました。

みんなは、何時ものように、戸口に一列に並んで、お父さんを待ち受けます。

「おかえりなさい」の一斉射撃を受けたお父さんは、大にこにこですが、みんなにプレゼントをねだられて、ちょっと弱りました。

しかし、お父さんは、すぐみんなに、お店では売っていないプレゼント……歌を教えてやろう、と言うのです。

みんな、初めはがっかりしましたが、お父さんが先頭に立って、歌を歌い始めると、すっかり気に入ってしまいました。上手なイレーナ、音痴のカールマン、合っても合わなくてもいい、みんなは、この素適なプレゼントに夢中になりました。

もろびと　こぞりて　むかえまつれ

ひさしく　まちにし　主は来ませり

ワンワと歌っているところへ、真っ赤な顔をして、怒鳴り込んで来たのは、二階に住むお金持の紳士です。

彼は、靴屋が貧乏で騒がしいのは子どもが多過ぎるからだ、一人私がもらって育ててやろう、と言います。

お父さんは喜んで、この申し出を受けようとしたのですが……さて誰をやろうかという段になって、困ってしまいました。上から一人ずつ考えて見ても、下から考えても、どの子もどの子も可愛いくて、とても手放せません。そこで、お父さんは、お前たちのうちで誰か行く者はないかと聞きます。お金持になって、自動車を乗り回して、いい服を着て、大学までやってもらえる。

しかし、誰も自分が行くと言う者はありません。それどころか、みんな涙を溜めて、隅に抱き合って、固まったまま、鬼の顔でも見るように、お金持を見ているのです。「おとうちゃん　こわいよう」と、マルグリートが泣き出すと、みんなお父さんにしがみつこうとします。

お父さんももう我を忘れて、子どもたちを抱きしめると、子どもと共に泣き出します。やがて、お父さんはお金持の方へ振り返って、キッとなって、子どもは一人だってやれない、と言い切ります。

苦り切ったお金持は、一万円の札束を出して、これをやるから、歌を歌って騒ぐのはよしてくれ、と言って出て行きました。

一万円！　お父さんも見たことがない大金です。こわごわ手に取ったお父さんは、みんなに歌を歌ってはいけないと命令しました。

重苦しい気分が漲ります。お父さんのプレゼントを奪ったお金持への怒りは、お金のために自由を売り渡したお父さんへの不満ともなるのです。

不平家のベラ坊が、まずぶつぶつ言い出し、やがて口々にお金持を罵り、お父さんを責め、大人しいフェレンツまでが、お父さんに詰め寄るのですが、お父さんは一喝して抑え付けてしまいました。しかし、お父さんだって「金か、歌か」迷っているのです。

いや、お父さんこそ、一番自由を圧える者への憎しみと、お金のために子どもたちを抑えなければならない悲しみを感じていたのです。

お父さんは荒々しく、仕事台に向かいます。子どもらの眼と、亡くなった妻の写真が見つめているのに、堪えられなかったのです。

またしばらく沈黙が続きました。ところが……子どもたちはキラッと眼を輝かせて、頷き合いました。仕事に夢中になったお父さんが、知らず知らずに鼻歌で、あの歌を歌っているのです。

やがて、子どもたちが、それに和し始めました。子どもたちの歌声に我に帰ったお父さんは、止めようとして、自分が初めに歌い出したことに、気がつきました。

もう、どうでもいい。みんなは前と同じように威勢よく歌い出しました。

お父さんがお金を鷲摑みにして、返しに行こうとするとき、かんかんになって、飛び込んできたお金持とぶつかりました。

お父さんは札束を叩き返しました。乱れ散る札を拾って、ほうほうのていで逃げ出すお金持の後から、一家の歌声が、響き渡りました。

それは、実際、天にも轟けと響く、大合唱になって行くのでした。
くろがねの扉　打ち砕きて……

【評】

脚本は、ハンガリーの童話・ヨーカイ作「九人のうち誰をやろ」から採ったもので、エスペラントの岡一太の感動的な傑作です。一幕の内に、家庭の愛情と、圧迫を突き破る自由の歌声を盛り込んだ、非常に優れた脚本で、これを選んだことが、成功の大きな原因でした。

演技はもちろん未熟でしたが、ふさわしい性格によって配役したこと、笹倉が父となって引締め役をやったこと、練習をよく積み、劇の流れが一貫していたこと、などによって、観客に大きな感動を与えました。父を待つ時、父が帰って来て、また、子どもをやるかやらないかの時、父と子どもたち、子どもたち同士の愛情はよく表れ、家族の愛情をテーマにした劇が、こののち望まれるようになりました。

自由を圧迫された、重苦しい気持は共感を呼び、最後の感動を惹き起こしましたが、最後の大合唱までの盛り上がりが、やや子どもたちに弱く、父が主観的に強すぎてやや離れ、全会場を興奮のルツボに叩きこむところまで行けなかったのは、残念なことでした。

子どもは全体として強さに欠けていたようです。それは、この劇のテーマに対する理解の不足から、来たものでしょう。それに反し父は、やや跳ね上がり的な、主観的興奮がありました。

昌章は、落ち着いた長男らしく、

英子は、セリフ・動作が固く、ちょっと幼い感じだったが、母代わりの長女らしく、
信男は、荒削りのまま、ぶつぶつ屋のベラを、
勲は、声が小さく万事控え目だが、かえって大人しくよく働くヨハーノを、
綾子は、弱すぎて声が小さかったが、オセンチなヘレナを、（すこし甘えすぎ）
詢は、いたずらのカールマンを、（摘み食いのところは大いに傑作）
隆子は、相変らず、きょろきょろしながら、可愛いい末娘を、
それぞれ、自分の持ち味のまま、よく自然に、それを生かして、演じました。
まだ、アクションは小さいが、舞台上の動きがかなり伸び伸びと出来るようになりました。
井野の金持は、ちょっと弱く、憎さに欠けたが、滑稽味はよく出しました。
笹倉は、前述のとおりと、メーキャップが過ぎました。
ただ、この劇の後で、内容に関して、校外の一部有力者から批難があったことは、ずっと後に間接的に知らされました。

## （七）上演の意義

このクリスマスの上演は成功でした。

一つには、観た者にも、劇に出た者にも、学校劇、さらには演劇というものに対する考え方を変えさせ、新しい眼を開かせたということです。もう一つは、この上演によって、演劇部の発展の基礎が、

しっかりと築かれたということです。

劇は、単なる遊びでもなければ、物真似でもありません。舞台の上で、きれいな着物を着たり、ちょっと変わった仕草をしたり、豆スターや剣戟役者の真似事をしたりするものでは、ありません。演劇とは、厳しいものなのです。自分を見つめ、人間を見つめ、人間の喜びと悲しみ、悩みと楽しみを表し、感動を伝えるものなのです。

魂をかけて……命を込めて、やらなくてはなりません。脚本を選び、本当に魂に触れてやりたい物をやること、セリフを丸暗記するのではなしに、また、表面だけの形で動くのではなしに、自分の中から自然に湧き滲み出る言葉と動きをしようとすることが非常に大切になるのです。

厳しい練習の中から出演者は、ある者は多く、ある者は少なくではあったが、このようなことを感得し、自覚して行きました。また、観た者も、劇からじかに訴えて来るものを感じ取りました。

【二】の（五）のところ（七七頁）に書いたお母さんの言葉や、「何か、こう、ギュッとくるものをしてみたい」という、その後の部員の願い、あんな劇ならやって見たい、と言って部員が急増していったこと、少女小説めいたものや冒険物などをやろうと言う者が少なくなり、深い感動を持つものを求めようとする傾向が著しくなったことなどは、この表れでした。

このような中で、出演者の大部分は、劇が非常に好きになり演劇と取り組むことに喜びと張合いを持ち、翌年、翌々年の文化祭の中心になって働くように、なりました。まったく、この後の演劇部発展の源は、ここから出て来たと言わなくてはなりません。

一司、信男、隆子、和美、清子などを除いては、この後の演劇部は考えられないし、詢、治子、美千代なども貴重な存在でした。

反面、いくつかの欠陥が挙げられます。それは、上演のために演劇部をでっち上げたことから来るもので、クラブとしての統制がなく、寄り合い世帯で、お互いの心の交流が十分ではなかったことでした。これは、翌年には見事に克服されてしまいますが、この時に与えた印象は、「上演」という時のみに、張り切って、それがない時は、何をしていいか分からない、というような気分を、ずっと残しました。

次には、「タマシイ」を強く考え過ぎて、技術的な面での訓練、発声とかゼスチャーとか、さらに装置・効果などが遅れました。そのため、素朴な生地のままの演技に留まる者が多かったのです。感動を伝えるには、やはり、ある程度以上になると、それにふさわしい技術を磨かなくてはいけないし、装置や効果も演技に劣らず、大切なのです。

何時までも、主観的な「魂こめた演技」に頼っていては向上しません。このことは、次も、次の次も、残りました。

また、厳しさに堪えかねてか、後を続けなかった生徒も、何人か出ました。勲、富美子はもともと劇が嫌いだったから、仕方がないとして、忠彦、昌章というこの部の中心人物が、このあと辞めていったのは、他にも原因があったとはいえクラブの一面の弱さを示しています。

## 【三】文化祭まで（五四年一月〜一〇月）

| | |
|---|---|
| 五四年二月 | 学芸会 |
| 三月 | 卒業生送別会 |
| 四月 | 新部員募集　演劇部拡充 |
| 五月 | 計画　上演予定 |
| 六月 | 新校舎落成を目指して計画　練習 |
| 八月 | 落成記念上演は取りやめになる |
| | 幻燈巡回 |
| 一〇月 | クリスマス上演を予定　準備を始める |
| | 「あらしの前」脱稿 |

### （八）学芸会と送別会

二月には学芸会が小学校と一緒に開かれました。時間などに制限があるので、演劇部としては上演せずに、それぞれクラスの劇へ力を注ぐことになりました。

部員は、クラスの劇の中で、重要な役目を果たしましたが、それよりも大きいのは、真剣に劇をやって、劇に興味を持つ生徒が、クラスの中に増えたことです。このことは、これから一二月まで、文化祭に向かって、絶えず上昇して行った演劇ブームのような気分を準備したのでした。

三月の卒業生送別会にも、劇をやりたくてむずむずする連中が、まったく自分たちだけで練習して、やりました。

## 〈幕間のつぶやき〉

**クラスの劇**　ここで、笹倉先生のタイトルが「演劇部三年の歩み」であって、主に演劇部についての記述のため、あまり記されていないクラスの劇、とりわけ、私の記憶している一年生の劇について述べてみましょう。

笹倉、松本両先生が担任の私たち一年生は、両クラス合同で劇「思うようにならない劇」を二月の学芸会で、やりました。（また、別の劇「夕やけ」も、やりました）

この劇は、「蜜蜂マーヤの冒険」のような、蜜蜂の国のおはなし・童話です。

巣の中、蜜蜂学校の教室では、先生が朝の出席を取っています。ピンチ・ポンチ・パンチ・プンチ・ペンチ・ピーチ・ポーチなどというのが、生徒の名前で、それぞれ返事をしています。そこへ、ブンチ（主人公）が遅刻して頭をかきかきやって来ます。これが幕開きの場面です。さて、ブンチは、遅刻常習犯で、落ちこぼれというか、小サークルの中でスンナリおさまっていられないタイプというか、ある日、ひょんなことで、皆が止めるのを振り切って、外の未知の世界へ飛び出してしまいます。

巣の外に出たブンチは、大海に出た井の中の蛙《かわず》よろしく、色々な経験・冒険を重ね、つまり、蝶々、蟻、てんとう虫などに出会います。しかし、「ただ珍しく面白く」ばかりには行かず、最後に、オソロシイ蜘蛛に会い、その繰り出す糸で、あわや召し捕られそうになり（蛙なら、逆に召し捕って、喰っちまうところですが、反対で）、ほうほうのていで、仲間の待つ元の巣穴に戻って来る――という、おはなしです。

配役は、五三年のクリスマスで一組の劇「白雪姫」で七人のコビトを演じた文字どおり小さな役者たちが蜜蜂学校の生徒たちを、生田隆子さんが生徒の一人・ピーチを、田中清子さんが蜜蜂学校の先生を、大内信男君が蜘蛛を、私がブンチを演じました。

この劇は、笹倉先生の演出であり、工作教科の吉田倉夫先生の協力を得て作成した舞台装置の見事さは、私の知る学芸会（小学時代の計六回）では多分初めてだったと思います。分厚い角材で、ブンチの飛び出す六角形の窓も作りました。工作の授業で本立て等の小物を作るよりも、面白かったです。

一年生の私たちの劇が、三年生の「ジャン・バルジャン」（主人公は役が決まってからは、それまでの丸刈り頭を伸ばし放題にして　役に近づける努力をしていた）を差し置いて、プログラムの最後《トリ》を務めました。それまでの学芸会では、最高学年の三年生の劇が最後を飾るというのが常でしたから、若い一年坊主たちがそれを務めたというのは画期的なことだったと言えるでしょう。

小学校と合同の学芸会でしたから、小学生のチビ君たちも観ていて、彼らの何人かから、私は、「ブンチ」「ブンチ」と、しばらくの間呼ばれたものでした。

ぼつぼつ、演劇部に入部を希望する者が現れました。大部分の空気はやりたいけれど、入るのは恥ずかしい、というような気持で、ためらっているようでした。

目立って活躍する生徒を、贔屓だとか、出しゃばりだとか言って、牽制するような気分がまだかなり濃厚でした。活躍する生徒は、孤立したり、他の者と自分を分け隔てしたりするような傾向もありました。

一年生のクラス活動の中から、みんなの支持を得て、活躍する者が現れ出したのはこの時期です。

## （九）演劇部の拡充

新学年に入ると、新しくクラブの整備が行なわれます。演劇部は卒業生がいなかったし、前年のクリスマスに活躍した大部分は、一層決意を固めて、残りました。

五月に新学年での初会合を持った時は、二〇数人が集まりました。そこで今年度の上演予定を立て、「彦市ばなし」「くしゃみをする王様」「アマンジャクと瓜子姫」「そら豆の煮えるまで」「赤ずきん」「あらしの前」などをレパートリーに選びました。

脚本を決めて練習した方が、力が入るのと、出来るだけ全部が主な役に付けるようにしたいというので、たくさんの脚本を選んだのですが、具体的な上演計画がないうちは、このようなやり方は、何にもならないことが、後になって分かりました。

具体的な上演計画のない時、どのような形でやったらいいか、ということは、ほとんど考えられませんでした。スタニスラフスキー・システムなどを研究したら、もっといい方法が見つかったのでしょうが。

とにかく何か練習して、出来たら上演しようというような無計画さ、何か配役を決めてやれば、元気を出してやるだろうというようないい加減さ、そして、そうでもしなければ、クラブが保たれないような方策のなさが、とくに笹倉にあったのです。

その後、入部者が続々とあり、そのため「眠りの精」「北風のくれたテーブルかけ」「リンゴ園のピッポ」「雪の少女」などの脚本を付け加えて、選んで、配役予定を考えたりしたのですが、クラブの活動の形について、真剣に考えなかったために、何も出来ずに日をすごして行きました。

しかし、そうこうするうちに、エネルギーを持った働き手が、演劇クラブに集まって来つつあったのです。そのように希望を持って入ってくる連中を、潰さずにますます伸ばすには、どうしたらよいか、単に「上演」だけを考えて、それだけで引っ張ろうとする欠陥が、ここで現れているようです。

やがて、新校舎の落成が近づいてきました。

これは、初めの予定の五月から、段々延びて、ついに一〇月になったのですが、とにかく、予定日程にのぼって来たことは確かです。そこで、落成式と同時に上演のチャンスがあると予想し、そのための劇を準備することになりました。

そのうち、屋外でテントを張って、催し物をやるらしいという話があり、それならば、あまり内面的なものより、派手な喜劇がよかろうというので、「くしゃみをする王様」をやる予定を立てました。新しく入部した生田頼夫、藤本尚三あたりが、そのエネルギーを注ぎ始めました。尚三がほとんど独りで原紙を切り、この二人で脚本を作ったのです。出演者は、武部詢、村井照康、藤本尚三、永尾康雄、生田頼夫で数回練習しました。

八月に入って、教頭から、落成式のために劇をやってくれ、と依頼されましたが、間もなく校長の意向で、それは取り止めになりました。こうやって、ほとんど具体的な方策がないまま、四月〜八月の期間が過ぎました。部員もクラブが何をしているのか、分からない状態でした。注ぎ込まれつつあった貴重なエネルギーを、有効に組織立てることが出来なかった、クラブ運営の拙さの責任は指導者たる笹倉にありました。

こうした混迷の状態が、何かやりたいという気分をうっ積させ、やがて文化祭に向かって迸出するという、けがの功名はあったのですが、この期間にもっと、面白い方法によって、ゼスチャーや発声などの基本練習が、なされるべきだったのです。

ただ上演のための劇というやり方は、「役」によって支配され、全てを総合した芸術としての演劇という方向に向かって進めることを、不可能にします。

## （一〇）幻燈巡回

そうこうするうちに、夏休みになり、幻燈巡回をやる時が来ました。今年は「去年やったから」という惰性的な気持が強く、前年ほどの情熱はありませんでしたが、宇野（先生）が、この頃からよく協力してくれるようになりました。録音も馴れて、上手でしたが、あまりいいスライドがなく、借りて来たのを混ぜてやりました。一司、尚三、頼夫などが巡回してくれました。

「浦島太郎」＝宇野

「山びこ学校」＝武部詢

「キュリー夫人」＝広田美千代　田中清子　阿江　笹倉

「ある夜の出来事」＝大久保和美　生田隆子　笹倉

「アリババと四十人の盗賊」＝井野　笹倉

「ハムレット」＝小谷一司　生田隆子　井野　宇野　笹倉

## （一一）胎　動

夏休みが終わると、いよいよ延びに延びた新校舎の完成が、目の前に迫りました。生徒たちの間には、それはあまり大きな感激を呼び起こしはしませんでした。

予定が五ヵ月も延びたために、初めの好奇心が薄れてしまったのと、校舎、校庭の整備作業に動員されるため、地元の上層部や、学校の職員の上層部が宣伝するほどには、気分は盛り上がって来ませんん。

二年生のクラス活動が、思うように行かず、そのことに笹倉も、クラスの活動家で演劇部員である者も、気を取られていたのと、新校舎のための色々な準備のために、九月中は、演劇部はほとんど何の活動もしませんでした。

一〇月、新校舎が落成しました。そして、それと同時に、笹倉は、二年のクラス担任を解除されました。

笹倉と井野はやがて、一二月のクリスマスの演劇発表会を持つことを打ち合わせ、学校行事としても、認められました。

担任を辞めた笹倉は、いきおい、一年の終りから最近までに、クラスに注いでいたエネルギーを他の方向に、注ぐことになりました。また、担任が替わってから、クラスの活動が思うように行かなくなり、今までの担任と全く違った方針でやられるクラス運営に、飽き足りなく思った生徒が、そのエネルギーの発散場所を求めたのは当然でした。

一司が、「先生、何か面白いことをしてえな」と訴えて来たのは、この頃です。一方、尚三、頼夫を中心とする気象クラブが、新しく完成した露場によって、派手な活躍を始めて、多くの部員を集めていました。これに刺激されて、生物、天文などのクラブも、動こうとしていました。

演劇クラブも活動を求めていたのです。

一〇月二三日、一司、尚三、笹倉は、クリスマス上演の計画を立てました。

「リンゴ園のピッポ」「火」「くしゃみをする王様」「雪の少女」「メイシン島物語」「あらしの前」のレパートリーを、予定として選びました。

朝枝が「火」の半分以上原紙を切っていました。レパートリーが予定されると、待ち構えていたように、雅信、尚三、頼夫、一司が、原紙切りに掛りました。

ドラ・ド・ヨング原作の「あらしの前」はすでに四月からその脚色を予定し、配役まで考えていました。このヒューマニズムと平和を求める心を描いた物語は劇として、どうしてもやりたいものでした。笹倉は今までに何度か、その脚色の構成を考えていました。もう猶予は出来ません。この劇を今

**〈幕間のつぶやき〉**

**一〇月の異変**　私たち二年生（9回生）は、中学三年間のうち、ちょうど半分の一年半を、比延中学校生として、笹倉、松本先生の担任のもとで学び、後の半分を、数百㍍場所を移した西脇東中学校生として、別の担任のもとで送ることになったわけです。

学年、しかも学期の途中で担任が替わるというのは、例えば病気のためであるとか、みんながやむをえないと納得する場合を除き、異例のことなのです。つまり、年度末・新年度まで待てなかったということは、それだけ大きな力、つまり圧力が働いたということに他ならないのです。通常は、新年度でさえ、転勤とかの場合は別として、担任が替わるということはなく、一年から三年まで持ち上がるのが、普通なのです。従って、このクラス活動が出来なくなった笹倉先生は、それに注いでいたエネルギーを、演劇部活動など限定された分野に、傾注して行くことを、余儀なくされるのです。

この一〇月は、同級生のY君の父親が、土砂崩れのため生き埋めになって、他界されるという痛ましい出来事が、起きた月でもあったのですが、これについては、先に述べました。

そして、一年後の一〇月には、もう一つの決定的に大きな異変が生じるのですが、それは、後述されます。

度の中心的な出し物にすべく、笹倉はその脚色にかかりました。母になる者がいないため、多少人物配置を変え、しかも予定された配役の人柄に合うようにしなくてはなりません。一〇月終わりに、「あらしの前」の脚本が出来上がりました。

準備は整いました。あとは抑えに抑えたエネルギーを注ぐことです。

## 【四】あらしの前（五四年文化祭、五四年一一月～一二月）

| | | |
|---|---|---|
| 五四年一一月 | 月初め | 農繁休暇中に予定レパートリーの台本　プリント |
| | （六日） | 演劇部および入部希望者　会合 |
| | （八日） | 配役・練習日割り決定　練習に入る |
| | （一五日） | クラブ組織変更　演劇クラブは演劇同好会と改称 |
| | | 入部者が多いのと劇に不満があるためレパートリー変更 |
| | | 職員会でクリスマス行事について打ち合わせ　文化祭案 |
| | | 全校委員会・組合総会で文化祭案　採択 |
| 一二月 | | 「ピッポ」取り止めとなる |
| | （一六日） | 全員集合　今後の練習方針を立てる |
| | （一七日） | 朝から終日練習に入る |
| | （二四日） | クリスマス・イヴ |
| | （二五日） | 文化祭 |
| | （二六日） | 反省会 |

### （一二）文化祭に向かって

一一月初めの数日は農繁休暇でした。その間に、一司、尚三、頼夫、和美、隆子、治子、朝枝が現れて、プリント、製本をやり、台本を完成しました。

五日には、新入部希望者を含めて全員が会合し、予定レパートリーを承認しました。八日までには、笹倉、一司などによって配役を決定し、練習日割りと共に発表し、直ぐその日の放課後、「火」の読み合わせをしたのです。

そののち、各劇はそれぞれ練習に入りました。「あらしの前」「雪の少女」などは自主的に笹倉の指導を待たずに、練習にかかりました。

一五日、職員会では、来たるべき学校経営研究会に備えて、クラブ組織の整備を打ち合わせ、全生徒が参加すべきクラブと、同好者のみでやる同好会との二本立てにすることになりました。これは、クラブ活動を、笹倉が一人でいくつもやり、影響が大きいことを制限しようとする考えから出たものでしたから、この二本立て案は、上手く行かなかったのですが、ともかく、そのような決定によって、演劇部は、性質上同好会になったのです。クラブは、日が定められており、無制限な活動をしようとすれば、自由に日を選んでやる同好会とする以外には、出来なかったのです。しかし、この決定のために、その後の活動は、制限されることになります。

この頃、さらに入部者は増加して行きました。松場義行が「みんなが演劇部に入るから、取り残されるような気がする。劇は好きではないけど」と言いながら、入部して来るというようなことがありましたが、部員は、実に四〇人になり、そのうち二〇数人は二年生でした。

部員増加のため、上記の他に、「和尚さんと小僧さん」を予定し、また、「くしゃみをする王様」は、二回ほどの練習ののち面白くないというので止めて、「無心」に変える等、変更が続きました。

また、「あらしの前」は、一二日の農繁休暇中の練習で、脚本の不備を発見して、書き直すなどということもありました。尚三、義行などが新しい劇の脚本を作りました。「雪の少女」も、三人の気持が合わないようでした。

こうして、練習を続けるうち、各劇ともそれぞれ不満が出始めました。何か倦んだような気分も見られました。真面目に練習することが少なくなり、集まりも悪くなりました。

その原因は、

三年生の女生徒―英子と治子に、こんなことをしてはいられないのじゃないか、という不安が起こったこと。「火」の配役に、朝枝、綾子などが満足できなかったこと（真面目にはやっていた）。ブームのような気分で入部してきた者の中には、劇が好きというのじゃなく、付和雷同的な気分のある者がいたこと（これは二年生男子に多かった。前述の義行は、非常に熱心だったが）。

また、劇が好きではなしに、何かやりたいという気持から入った者もあったこと（八重、彩子、成子）。

このような気持があることが、分かっていながら、とくにそれらに対して、十分に指導と援助が与えられなかったこと、などでありました。

英子、治子は、高校進学準備に他の友だちが一生懸命になり始めると、自分たちだけが、取り残されるのじゃないかという焦りと不安を持ったのです。「とにかくやってみろ。高校は大丈夫だ。やれば、あとでよかったと思うから」と励ましました。

このような色々の動揺と入部者の増加によって、予定していたレパートリーは全面的に変更を迫られました。

一一月末、ふたたび全員集合して、新しいレパートリーと配役を決定しました。

① 八日決定したもの（参考）『略』
② 新しいレパートリーと配役『略』

一二月初め、職員会で、今度のクリスマスについて具体的な取り決めが行なわれました。

これは、従来の学芸会を廃止して、クリスマスの新嘗感謝祭と一緒にして「文化祭」にしようということ。文化祭は、今年は、クラスの劇を止めて、演劇部、音楽部など同好会がやること。一二月二四日は、クリスマス・イヴおよび新嘗感謝祭として生徒を対象に、一二月二五日は、文化祭として、校外父兄・一般を対象に行なうこと。二五日は、三年生がバザーをやること。会食の米は、学校田で採れたのは三年生が売って、バザーの金と共に卒業記念の寄付に廻し、各生徒が食べる分を持ち寄ること、などでした。

これは、職員会提案ということで、すでにかなり活発な自治活動を行ない、また、今年から生徒会と協同組合を一緒にして作られた協同組合の会議に掛けられることになりました。協同組合では、全校委員会と組合総会を開いて、これを可決しました。

こうして、「文化祭」に向けて、演劇部はその総力を挙げようとしたのですが、内部には依然としてごたごたが続きました。

まず、第一に、「りんご園のピッポ」が続行不可能になったことです。これは、八日決定の配役ではかなり上手く行っていたのですが、新しい配役替えによって、かえって不満が出てきました。成子、八重は前にも言ったとおり、劇が必ずしも好きでたまらないというのではなく、何かやりたいという気持だったのです。この時に、しっかり摑まえてやれば、恐らく一生懸命にやったに違いありません。ところが、手を広げ過ぎたために、笹倉の指導が廻りませんでした。

不満を持っていることを知った時にも、ほとんど何も手を打ちませんでした。そしてこの劇は練習をしなくなり、ついに瓦解《がかい》してしまいました。そして、成子、八重、彩子は唯の一度も上演することなく、演劇部を去ったのです。

第二に、「生あるものは答えよ」で、綾子がやりたくないと言い出しました。綾子にしてみれば、去年の「歌をわれらに」の満足感が今度は満たされないという気持があったのでしょうか。美千代との反撥があったのだと言う者もいましたが、綾子はそれを否定しました。また、「グッバイ・ベティ」では、中学生役の一年生がどうにもならないから替えてほしいと、治子が言い出しました。そこで、これらを二年生と替えなければならなくなりました。

「ピッポ」「生あるもの」「ベティ」の三つの劇の配役替えから、残った女の子で何か劇をやる必要が生じました。

一六日には、学期末試験が終わって、全員集合、いよいよ一七日からは朝から終日練習することを決め、新しく生じた事態によって「小さなランプ」を、綾子、野田、西山、小畑加代子、岡田満子によりやることにしました。

ところがこの集まりの後で、第四の事件が起こりました。それは、片岡英子が辞めたことです。

英子は、前から、不安定な気持を持っていました。「ヴェニスの商人」のポーシャになったとき、あまりやりたいとは思っていなかったのです。練習中にも「こんなことようやらんわ」ということがありました。他の女生徒との間の感情問題や誤解、また、進学の不安に加えて、やはり「歌をわれらに」のような愛情に満ちたものをやったあと、ポーシャ役は、もう一つ気分が乗らなかったとも言えましょう。

「先生には済まないし、『ヴェニスの商人』をやった他の子にも済まないが、どうしても辞めさせてほしい」と言うのでした。

英子は、去年から、同じクラスの女生徒の間で感情的な対立があって、演劇部が潰れた時も、その後も、一人協力し続けてくれました。演劇部全部が辞めるような時でも、最後まで残る一人だろうと信じていました。それだからこそ、男子の中に混じって難しいポーシャを割り当てたのだし、分校の時のこの劇の成功からして、きっとやった後は満足してくれるに違いないと、考えたからでした。

これは、笹倉一人の感傷だったかも知れません。

しかし、説得も及ばず、英子は演劇部を去りました。

あと、ポーシャを誰か……田中清子にでもやらせたら、よかったかも知れません。しかし、打撃を受けていた笹倉は、この劇を止める以外考えられませんでした。頼夫、尚三、康雄、照康などは、一生懸命だったし、恐らく不満だったに違いないのですが、何も言わずに諒承してくれました。

その次に、起きたのは、清子のことでした。一八日「グッバイ・ベティ」のあと、「生あるもの」

を練習し、なお、夜も「あらしの前」と共に、練習することにしていました。ところが突然、清子が、何の弾みか泣き出してしまったのです。どんなに訳を聞いても答えませんし、ただ泣きながら、もう辞めるというのです。どうにも困ってしまいました。何とかその訳だけでも、聞き出そうとしたけれど、黙って校舎の裏に立っているだけでした。美千代たちは腐ってしまうし、朝枝や輝子がなだめて、やっと家へ帰りました。

どうなることやら、相ついで起こるこのようなことに、笹倉も、投げ出したい気持がしました。翌日は、舞台装置作りです。朝から多くの生徒が、ほとんど笹倉の指導なしで働きました。その翌日も夜遅くまで、装置や何かをやっているとき、清子がひょっこりやって来ました。そして、「やはり、やる」と言うのです。

辞めると言った理由が何であれ、嬉しいことでした。このことがあって後の清子は、まるでもう人が変わったように、演劇部のために献身するのです。

このように、上演数日前までごたごたが絶えませんでした。男の方にはほとんどなく、女の子ばかりに起こったことは、我がままもあったでしょうが、色々複雑な心理が、入り混じっていたのでしょう。この繊細な、センシブルな少女の心理は、笹倉も理解することが出来ませんでした。ことに笹倉が、「あらしの前」に力を注ぎ他の劇へ向かうことが少なかったことが、大きな原因でもあったのでしょう。

こうして、英子を初め、成子、八重、彩子などが去りました。彼女らを、止めて置けないことは、悲しいことでありました。「どうにも、仕様がない」というような気持になるのでした。

これらのことに反して、他の方面では、非常に精力的な魂を込めた営みが行なわれていました。「生あるものは答えよ」の美千代と朝枝は、それこそ全ての生命を注ぎこむという力の入れ方でした。宇野が、演出指導に当たって、圧倒されてしまうような意気込みでした。去年あんなに問題を起こした美千代、大根だった朝枝が、練習始めから、オッと驚くほどやるのです。

「あらしの前」は、テーマがテーマだけに、真剣でした。また、一九日、二〇日と、装置作りに示さ

〈幕間のつぶやき〉


**先生とは**　クラスの担任を外された笹倉先生が、演劇部の活動にエネルギーを注ぎ、多くの生徒たちが、その部で積極的に昼夜を分かたず、活動するのを知って、「上層部」（笹倉先生の表現）の一人、習字担当の先生が、授業中におっしゃいました。

「中学生が、夜に出歩くのは不良だというのが、世の中の常識です。みんなのご両親に聞いても、そう言われるでしょう」と。こんなあからさまな締め付けもあったのです。ですから、私のような確信犯（？）は別として、普通の真面目な生徒は、少なからず、ビビらされたことと思われます。演劇部を辞めていった人の中に、陰にひなたに囁かれる、このような言葉や雰囲気に、何らかの微妙な影響を受けた結果、「辞める方向に傾いた」「辞めた」のだという人がいなかったのなら、幸いです。

この先生は、「先生」という字は「先に生まれた」と書き、だから生徒は早く生まれた先生を尊敬しなければならず、教えたとおりに知識を学び、規律正しい学校生活を送るべきだ、という意味のことを、言っておられました。要するに、先生が、一方通行的に、上意下達式に、

未熟な生徒に、勉強（知識）や礼儀（規律）を教えるのが教育だという訳です。あまのじゃく（？）の私は、「先に生まれたものが偉い」のなら、ご先祖サマほど偉いのだったら、類人猿や、もっと大昔の地球に生命体が誕生した頃のアメーバも……などと、当時 屁理屈（？）で思ったものでした。「先生」は「先ず《ま》生きる」とも書きますよ、と喉まで出かかったのを呑み込みました。それを言うと、私は、ますます要注意人物（？）扱いになり、話がこじれてしまう気がしたからです。

ともあれ、古くから教師だった人は、信じ込まされた軍国教育時代が終焉して、新憲法の制定によって百八〇度の転換が求められ、気の毒といえば気の毒ではありましたが、以来約一〇年が経つのに、田舎の故か、昔を引き摺っている先生も多かったのです。多いだけならまだしも、「上層部」を形成し、トップの提灯持ちなって、学校経営に力を振るわれては、これから伸びようとする生徒が、また、民主主義的志向・せめてヒューマニズムは大切にしたいと思う若い先生が、困るのです。他にも、「上層部」には、同じような先生が何人かおられました。もちろん、笹倉先生より少し年上でも、生徒たちのことを、真剣に考えておられる藤井保先生や宇野章三先生のような人も、ありましたけれど……。

右のような状況は、私たちの中学校に限ったというか、まれなことだったのか、全国的に似たようなことだったのかは、私には分かりません。

「生徒は先生から学び、先生も生徒から学ぶ」という相互関係が成立するのが、教育の基本であるはずです。昔も今も……。今の日本は、ダイジョウブなのでしょうね？

れた自主的な働きは、素晴らしいものでした。一司、尚三、それに照明をやる頼夫を初めとして、全ての者が、何か憑かれたようにやるのでした。

二〇日の「グッバイ・ベティ」の練習中、治子一人が一生懸命にやっているのに端役がだれていたり、室の一方ではピンポンをやったりする者がいました。笹倉は、初めて真っ青になって怒りました。「端役だからといって、怠けるとは何事だ。それに、他の人が真剣に劇をやっている最中に、がたがたピンポンなどして、邪魔をするような者は演劇部から出て行ってくれ」

この時から、みんな真剣になりました。「あらしの前」でも、厳しい演出をやりました。厳しさは必要なのです。いい加減にやっていて、劇は出来るものではありません。わがままは許されてはならないのです。

あと数日という時になって、新しい劇を作らなければならないのは、大変なことでした。「小さなランプ」は脚本がよくないというので、「花の詩集」に切り換え、「ヴェニスの商人」の後は、「火星から帰った三人」をやることになりました。

また、「雪の少女」を復活し（一七日）、「彦市ばなし」をやることにし（一八日）、バラエティ「東中讃歌」を作りました。

「花の詩集」は、綾子が一人で、二日間で脚本を作って、二〇日から練習を始め、「火星」は、「ヴェニスの商人」が止めになってがっかりしたであろう連中ががんばって、二一日から猛練習に入りました。彼らは、いち早くセリフを覚えて、笑っていました。

また、藤原智一、大内輝明、森田文夫など、分校から一〇月にやってきた連中が、分校で病み付きになった「人形劇」をやりたいと言って来て、何もかも、自分たちで準備して、「金の斧と銀の斧」をやることになりました。

「生あるもの……」は宇野が、「花の詩集」は松本が、「……ベティ」は井野が演出しましたが、どの劇も自主的にやり、最後の数回笹倉が、見た程度でした。

一八日からほとんど毎夜、練習や装置作りに、遅くまでかかりました。

一八日「あらしの前」　一九、二〇日装置作り　二一日「雪の少女」

二二日「彦市ばなし」　二三日「あらしの前」「彦市ばなし」

こうして、連日猛烈な準備を続けて、文化祭を迎えたのでした。

新装成った集会室で、やや舞台の狭さを感じながら、上演したのです。

## (一三) クリスマス・イヴと文化祭

二四日は、生徒を対象にして、午後からプログラムを始め、途中各教室で会食、夜一一時頃に、全プログラムを終了しました。

二五日は、朝の九時から始める予定でしたが、客が来ず、一一時頃から始めるという有り様でした。その上、ちょっとしたいたずらから、ショートしてコードが燃え出すという事件が起こりました。それは直ぐ修理したのですが、午後になってやっと席が一杯になる程度でした。しかし、終りは早く、六時に済みました。

プログラムは二四日のもので、二五日は少し順序が変わったのと、会食はもちろんなし。職員劇は止めて、松浦氏の飛び入りの手品がありました。

二四日の会食準備は、母の会のお母さん数人が来てくれました。二五日のバザーは、三年生がやり、かなりよく売れたそうです。

【プログラム】（二四日）

| | | | |
|---|---|---|---|
| 1 | あいさつ | | 文化部長 |
| 2 | 劇 | 火星から帰った三人 | 演劇部 |
| 3 | ダンス | 月の砂漠 | ダンス部 |
| 4 | 劇 | 無　心 | 演劇部 |
| 5 | 劇 | 花の詩集 | 演劇部 |
| 6 | 歌 | 日本民謡 | 音楽部 |
| 7 | 劇 | グッバイ・ベティ | 演劇部 |
| 8 | ダンス | 美しく青きドナウ | ダンス部 |
| 9 | 劇 | 生あるものは答えよ | 演劇部 |
| 10 | ダンス | キャラバンの鈴 | ダンス部 |
| 11 | 歌 | 日本民謡 | 音楽部 |
| 12 | ダンス | ローレライ | ダンス部 |
| 13 | ダンス | バラのワルツ | ダンス部 |

| | | | |
|---|---|---|---|
| 14 | 人形劇 | 金の斧と銀の斧 | 演劇部 |
| | 会食 | | 全生徒 |
| 15 | バラエティ | 東中讃歌 | 文化部 |
| 16 | 劇 | 和尚さんと小僧さん | 演劇部 |
| 17 | 劇 | 雪の少女 | 演劇部 |
| 18 | 劇 | あらしの前 | 演劇部 |
| 19 | 歌 | 日本民謡 | 音楽部 |
| 20 | 劇 | 彦市ばなし | 演劇部 |
| 21 | 劇 | あの世この世 | 職員 |

## （一四） 一つ一つの劇について

### □「火星から帰った三人」（二幕）

【出演者】

藤本尚三　宮下紘一郎　生田頼夫　村井照康　永尾康雄　蛭田守　片岡栄　藤井義輝　泰永朝枝　田中清子　坂本雅信　米田弘毅　山本敏博　生田英機　武部裕　小谷一司

【ものがたり】

デモナイ国では大騒ぎです。というのは、「星雲のカーテン」を閉ざしていると言われる火星へ政府の旅券なしに密航して来たコスモ、ノイラ、スタールという三人の男が、帰って来るからなのです。

三人の帰朝のテレビニュース、観衆の歓迎ぶりを見て、苦り切っているデモナイ国総理の所へ、国民にカラポーラという食糧を専売して、大儲けをしているカラポーラ会社の社長と、宇宙線のために眼が悪くなるというので、国民に強制的に色メガネを掛けさせているメガネ公社の総裁が慌てふためいて、掛け込んで来ました。

なんとかして、火星から帰った三人の口を封じてしまわないと、今まで火星のデマを振り撒いて大儲けをしていた社長、総裁にとっては、大変なことになるからです。ところが、残念なことには、このような場合の罰則が、作られていないのです。困った三人は、しばらく考えていましたが、やがて総理はハタと膝を打ちました。そして、すぐに国立精神病院長を呼び出して、何事か指令を下しました。病院長は、ポンと胸を叩いて、承知しました。これでカラポーラもメガネも安泰とばかり、みんな乾杯するのです。

精神病院で患者たちに斉唱させているという「カラポーラ、カラポーラ、カラポーラこそ、わがいのち」という言葉を唱えながら……。

一方、こちらは国立精神病院です。診療室の真中には、院長ご自慢の精神分析用の、神経図を描く器械が、備え付けてあります。ちょうどレントゲンのように、この前に患者が立てば、すぐ神経図がグラフになって現れ、精神病か普通か、たちどころに分かる仕掛けなのです。

飛行場へ帰りついたとたんに、精神病の疑いがあるというので、この病院へほうりこまれたコスモ、ノイラ、スタールは、何やら訳が分からず、憤慨しています。この精神分析機に掛けられたら、三人の神経図は精神病と出たのです。あくまで正気の三人は、この神経図にも合点が行きません。三人は看護婦を摑まえて、自分が正気であることを訴え、火星から持って帰ったオゾン食製造器で、空気中のオゾンからオゾン食を作り上げたりするのですが、看護婦は、院長から叱られるのを怖れて、それを戸棚の中へ、しまい込んでしまいます。

そこへやって来た精神病患者たちは、戸棚を開けて、オゾン食を見つけ出し、食べるとてもおいしいものだから、今まで唱えていた「カラポーラ、カラポーラ、カラポーラこそ、わがいのち」を止めて、「オゾン食、オゾン食、オゾン食こそ、わがいのち」と、わめきながら、暴れ回り、序でに、戸棚の中から、さっき院長がコスモ、ノイラ、スタールに見せた、この三人の神経図を引っ張り出し、破ってしまいました。実はこの神経図はこの患者たちの物で、院長が擦り替えていたのです。

看護婦は、やっとのことでみんなを室の外へ連れ出します。

そこへ、総理、総裁、社長が、自分たちの企みが、いかに成功したかを見ようとして、視察に来るということが知らされます。

それを迎えるべく準備しようとした院長は、擦り替えた三人の神経図がなくなっていることに気付き、大慌てで探そうとして、国民が必ず掛けていなければいけないはずのメガネをどこかへやってしまいます。「わしのメガネはどうした」。メガネを掛けていないところを、お歴々に見つかったら、大変です。

ところが慌てて院長が引っ張り出したのは、コスモらの正常な神経図でした。

「擦り替えた方は、患者さんが破ってしまいました」、つい言ってしまった看護婦の言葉に、真相を知ったコスモたちが、掛け込んで来ました。

そこへ、総理、社長、総裁が、やって来たのです。

「オレたちが、精神病だというのはインチキだ。メガネなんて必要じゃない。カラポーラなんかより、もっと安くて旨いオゾン食もある。星雲のカーテンなんて嘘だ」

真実を叫ぶコスモたちの前で、暴露された総理、総裁、社長、院長たちは、へたへたと頽《くずお》れてしまいました。

「オゾン食こそ、わがいのち」と叫びながら、患者たちは、その周りを踊り狂います。


【評】


脚本は、まるでどこかの国そのままを、表したような風刺劇です。この風刺が、どこまで表されたかは疑問でした。もっともあまりピンと来ない方が、よかったのかも知れません。

脚本は、なかなかよく出来ており、風刺を感じ取れなかった人にも、面白いものでした。

病院の場はがたがたしてごたつきました。しかしわずか三日間の練習で、前日までまごまごしていたことに比べると、よくやったと言えましょう。ことに、第一幕の頼夫、尚三、紘一郎、照康の場は、落ち着いて順調であり、よく出来ました。宮下紘一郎は早口で発音が不明瞭で、頼夫などは今までやっていた者の強みを見せました。康雄も上手でした。

コスモ、ノイラ、スタールは、やや落ち、口が早くて不明瞭、蛭田は、早口だが、素質があり、藤井も、練習の時は気が入らず、どうなることかと思いましたが、当日は気構えもしっかりして、よくなりました。

患者は、二回ほどしか練習していないで、暴れ過ぎて、まとまりを破りました。もっとも、去年の「えんにち」の通行人に比べると、はるかに真面目で、よかったのですが……。

そして、何とかして劇を盛り立てようと進んで工夫してやったことは、素晴らしいのです。看護婦、記者は、普通。看護婦は、患者に引っ掻き回されて、まごまごしました。

とにかく、やむを得ない事情で急遽でっち上げたのに、やけっぱちになることもなく、ことに、頼夫、尚三、康雄など、一日でセリフを覚えてしまうというような努力を見せてくれました。

(門脇注＝反差別運動が人々の常識をある程度変えた今日の読者からいえば、この劇での精神病患者の位置づけ方に抵抗を感じられる方も多いと思う。しかし、①ここでの批判の対象は「精神病」というレッテルを悪用して反対派を抑圧する権力者たちであること、また②今日でも病院等で保護されるべきと考えられる精神病者はいるが、多くの場合は可能な限り普通の生活をおくれるようにした方が当事者にも社会にも望ましいという考え方は今でこそ大きな影響力を持つに至っているが、一九五〇年代にはほとんどなかった。この劇もそういう歴史的限界を持っていて、神経図のすり替えが行われず事実精神病者であったなら一般的に隔離が当然という常識に拘束されていること。③その上で、本書はいわば時代の証人の立場に立つものなので、過去の作品の一部を勝手に書き改めることはすべきでないこと——の三点を理解していただきたい)。

## □「花の詩集」（一幕）

【出演者】

村井綾子　野田静代　岡田満子　小畑加代子　西山潔美　小畑ひとみ　佃治子

【ものがたり】（門脇注＝ノート二頁分が、空欄のままとなっています）

【評】

これも、練習四日間という、でっち上げで、それに、少女の感傷を扱ったものですから、観客を惹き付ける力が弱いのは当然です。よくセリフを覚えて、詰まらずにやったというのが、精一杯のところだったでしょう。一年生が多く、みんな今までに馴れていないのと、指導する余裕がなかったので、動きの少ない、セリフのやり取りだけの、しかも、繊細な少女の心理だから、全体に低調で平板的でした。

綾子は、さすがによくやり、ひとみ、治子も馴れた者の強みを見せました。野田静代が、はっきりして、上手でした。綾子にとっては、満足できないもので心が満ち足りなかったことでしょう。気の毒です。

## □「無　心」（一幕）

【出演者】

山本義明　中村和正　松場一己　上石国雄　藤本健作　米田弘毅　山本敏博　村井照康

【ものがたり】

この付近には、天狗が出るというので、住民は、怖れ、おののいています。そこで、無心流の達人・川村真竜軒とその弟子たちは、いでや天狗を退治せんと、勇んでやって来ました。

そもそも、無心流というのは、心を無にして鏡のごとく、相手の心を見抜き……云々という流派なのだそうです。熱心にノートをとる弟子たちもなかなか無心にはなれません。

勇んでやっては来たものの、天狗が現れそうに、不気味な風が吹き、あたりが薄暗くなって来ると、小便がしたくなったり、いやに武者ぶるいしたり、石屋のカチンカチンという音が、妙に心を苛立たせます。

やがて、天狗が現れました。門弟どもが腰を抜かしたのに、さすがは指南番・真竜軒は天狗と向かい合って試合を始めました。

真竜軒が喋る無心流の講義は、天狗にはさっぱりわからないのですが、やがて試合になると、真竜軒の方が、負けてしまいました。この付近、なかなか滑稽な応酬あり。

得意になった天狗が威張っていると、そこへ飛んで来たのは源六の切っている石のかけらでした。

さしもの天狗も、そこで倒れて、源六に降参して退散。何のことやら分からない源六の前に、平伏して教えを乞うのは、真竜軒一派の無心流者たちです。

やがて、あることを悟った真竜軒先生は、厳かに門弟どもに申しました。

「あの源六どのの姿、仕事に打ち込む源六どのの姿こそが、天狗もわしもかなわぬ無心の極致じゃ。これこそ、無心流の奥義じゃ」。弟子の一人は、これを熱心にノートしました、というお話です。

【評】

労働するものの神聖さ？　を言おうとしたものだそうですが、それよりも、全体にみなぎる滑稽さが主要な劇です。

弟子たち一人一人の滑稽さ、大真面目の真竜軒、傑作でちっとも恐くない天狗。ひょっとすると、どたばたになりそうな劇ですし、それに出演者が元気いっぱいの連中でしたが、非常に真面目で、よくまとまり、変なふざけなどまったくない劇になりました。真面目すぎて、肝腎の面白いところが、むしろ、出なかったようです。

ガチャガチャ芝居でなく、「劇」であったことは、非常によいことでした。

セリフは全体によくありませんが、動きが多いので、カバーできました。

上石国雄、一己、ケン坊あたりが大真面目にやると、かえって面白いものです。ここいらは、大いに馴れた動作を見せました。

義明は、源六らしい質朴さは生来のものですが、練習も真面目でした。しかし、舞台の上に立つと上がり、セリフも聞き取りにくい点が目立ちます。

和正の真竜軒も、早口で聞き取りにくく、大先生としては、やや貫禄がなかった。

弘毅、敏博とも、セリフ不明瞭ですが、弘毅は、竹刀使いが上手、敏博がほんとに頭を叩かれて、舞台の上でふくれたのも、かえって愛嬌がありました。

照康の天狗も、何だかガナッている調子でしたが、どことなく愉快です。

全体に、もう少し、よく暴れた方がよかった。

## □「グッバイ・ベティ」(一幕)

【出演者】
佃治子　中村和正　坂本雅信　永尾康雄　大久保和美　生田隆子　松場義行　藤本尚三
広田美千代　永尾篤子　小谷一司　泰永朝枝　山本輝子　井野

【ものがたり】

公園で、中学生が数人写生をしている所へ、一人のアメリカ人の少女が、近づいてきました。何やらペラペラ喋るのですが、一年生でやっと英語を習い始めたばかりの子どもたちには、何が何やら分かりません。何か探しているらしいことは分かるのですが、犬? ドッグ? と言っても通じない。やっと、四つん這いになって、「ワンワン」とやったら、「ノー」と答えるので、みんな大弱りです。

とおりがかりの会社員風の男、奥様風の二人連れ、アンチャンなどに頼もうとしても、みんな、ごまかして逃げてしまいました。

そこへやって来た屑拾いのじいさんが、向うに高校生がいると教えてくれたので、男の子が呼びに行きました。その間、女の子は何とかもてなそうと、というので、「スタンダップ」と言って、椅子を勧め、汗をかきます。

やっと男の子に引っ張られて、高校生が来ました。高校生のお姉さん二人も、あまり英語は得意じゃないのですが、面目にかかわるし、やっと辞書首引きで、この少女はベティという名であること、オジサンと一緒に来て、はぐれたことなどが分かりました。犬じゃなかったのです。

屑拾いのじいさんは、人込みの中で、そのアメリカ人を見たと言いました。そこへアナウンスが「ベティさん、おじさんが探しています」と告げ、おじさんの「ベティ　アイム　ウエイティングバイ　ザゲイト」という声が聞こえます。ワッと上がる喚声。高校生と連れ立って喜んで「ジャパニーズ　ボイズ　アン　ガールズ　アー　ベリー　カインド」と言って去るベティに、少年少女も、屑拾いのじいさんも、まるで英語をよく知っていたかのように満足をして、「グッド・バイ、ベティ」と手を振るのでした。

【評】

面白い軽い劇。軽快にやりこなしました。

治子は、英語の発音もよく、アメリカ人らしい動作も、かなりよくやりました。もっとも二五日にはちょっと詰まって、アメリカ人のくせに「アカンワ」と言うような場面がありましたが。治子はもっと上手にやれるはずです。

中学生は、ぴちぴちして、非常によかった。ことに、ベティのぺらぺらに当惑して犬の格好をし、アンクルをアンコロと間違える辺りの面白さ、雅信がとくによく、和正も康雄も上手でした。また女の子二人（和美、隆子）も、洗練された都会の少女らしい態度、物腰を、伸び伸びとやりました。とくに、奥様風の女に話しかけるところなど、傑作でした。

練習の初めのうちは、実にいい加減でしたが、本気になり出してからよくなり、この中学生によって、この劇が、ぴちぴちしたものになりました。

会社員の尚三も、練習中は不細工でしたが、面白かった。

奥様二人（美千代、篤子）、かなりきつく言ったのですが、ザアマスとか言って身体をくねらすことのような小手先演技が、最後まで抜けませんでした。舞台の上で二人だけで何かしているみたいでした。しかし、端役の難しさが、よく分かったでしょう。

アンチャン・一司は、消化不良でした。重すぎます。もっと軽くやらなければ。

屑拾いのじいさん・義行は、練習二回ほどしかしていないため、上がったり、つかえたりしましたが、とぼけた味は、面白かった。

高校生二人はまずまず。二人とも、真面目でしたが、朝枝は固く、輝子は言葉が不明瞭でした。しかし、朝枝は、昨年よりははるかに進歩しています。

## □「生あるものは答えよ」（一幕）（岡一大作）

【出演者】

泰永朝枝　広田美千代　山本輝子　田中清子　武部裕　生田英機

【ものがたり】

一九四五年八月六日、広島に炸裂した原爆は、真琴の両眼を奪い、両親を奪い、弟を行方不明にしてしまいました。真琴は、親切なおばあさんに拾われ、厳しい琴の修業を受けて、今では琴の先生をするほどになりました。

ちょうど七年目の八月六日、父母の霊をまつり、弟の生死を案じながら、おばあさんと思い出話に時をすごすのでした。

やっぱり、弟はもう死んでしまったのかも知れない、そう言う真琴を、おばあさんは、いや必ず生きている、そして必ず会えると、励ますのでした。

そこへ、真琴のお弟子さんである二人の少女が、真琴の両親の霊前に花を捧げにやって来ました。その少女たちの話に、浮浪児みたいな少年がうろついていた、と言うのです。話を打ち切らせるかのように、アメリカの飛行機が爆音を響かせて飛び去りました。

二人が去ったあと、真琴は部屋へ入り、おばあさんは少女と入れ違いに、外出してしまいました。

「確かにさっき琴の音が聞こえたのは、この辺りだった」と、言いながら出て来たのは、修作と秀夫でした。修作は、原爆にあった後、秀夫の家へ引き取られて育てられていたのです。彼もまた姉の真琴を、何時も探していたのです。さっき聞こえた琴は姉が女学生の頃弾いていた曲でした。と、この家を覗いた修作は、立て掛けてある琴を見て、引かれるように庭へ入って来ました。

二人の声に縁へ出て来た真琴を見て、修作はかぶりを振りました。「これは、ぼくの姉さんじゃない。ぼくの姉さんは、目はみえるはずだ」

しかし、秀夫の問いによって、真琴は弟を、修作は姉を、やっと捜し当てたことを知るのでした。しかし次の瞬間、修作は叫びました。「誰だ、ぼくの姉さんの目を見えなくしたのは。返せ、姉さんの目を返せ！」

真琴は、修作のただ反抗のみの言葉を、たしなめました。

その言葉に頷いた修作は、強く誓うのでした。

（門脇注＝二行分、空白）

【評】

姉弟の再会があまりにも生のままに出され、初めから、ただそのことだけを述べたような脚本で、原爆への怒りも行き過ぎ、かえってその主要テーマが、姉弟の再会という新派悲劇的さわりのために利用された感があります。その脚本のためと、それに加えて、美千代の演技が、これも新派的であり、言葉とセリフ回しの悲壮さに、引き摺られてしまったようでした。

朝枝も美千代も、この劇が決まった時から、それこそ身を打ち込んでやり、宇野が見たときもありましたが、ほとんど自分たちだけでやっていました。

その身の打ち込み方、努力は、凄まじいものがあり、いくら褒めても褒め切れないものがあるのですが、それだけに、劇の解釈、新派的演技への批判がなされなかったことは惜しまれます。この責任は、笹倉にあります。最後の数回それらの点を注意したのですが、もう初めからの勢いが付いていて直りませんでした。それと、この二人の演技が強過ぎて、少女たちや少年の登場と、調子がちぐはぐになり、一つの流れがありませんでした。

劇には、まとまりが第一の生命です。これも演出がない欠陥。最後の盛り上がりこそが大切なのに、姉弟再会の愁たん場があくどすぎて、最後の修作の言葉が、低調になってしまいました。

朝枝は、これがあの朝枝かというほど、去年の大根振りから比べて、素晴らしい精進と進歩を見せました。おばあさんにしては元気が良すぎたが、美千代と替わっていた方がよかったかも知れません。美千代は、舞台の上で、ほんとに泣くほどの魂の入れ方でしたが、初めから終りまで、オシバイ掛かり過ぎて、折角の努力を壊しました。朝枝の方が、はるかに自然で素朴でした。これは、演技以前のものを、もっと考えなくてはならないようです。しかし、美千代の努力が、他の劇に与えた影響は大きかったのです。

清子は、途中で問題がありましたが、その後真剣になり、よくやりました。輝子も真面目でしたが、二人とも演技はまだまだです。ことに、輝子は発音が不明瞭。

裕が、最初生け垣の所へ出て来る時の表情は素晴らしく、オッと驚くほどいい表情でした。言葉もはっきりしているし、もう少し指導すれば、非常によい素質を持っているようです。

英機は、真面目な中学生らしい好感が持てます。鋭さはなく、ちょっと固いようですが、基礎的なことをよくやれば、いいでしょう。

美千代たちの演技に比べて、英機や裕は、素朴過ぎてハッタリがないため、最後が盛り上がらず、劇の重点が引っくり返ったように、なりました。惜しいことです。

## □「和尚さんと小僧さん」（一幕）（木下順二 作）

【出演者】
松場義行　武部詢　山崎修吾

【ものがたり】

山寺の小僧さんは、いたずらばかりして、和尚さんから叱られます。今日も二人とも庭に坐らされてお説教です。「わしは今から出かけて来るから、それまで大人しく坐っておれ」と言って和尚さんは出かけます。

小さい小僧さんは、大人しくうなだれて、坐っているのですが、大きい方の小僧さんは、和尚さんが見えなくなるや、早速、小さい小僧さんを突っ突いたり、話しかけたりします。

さっきも、それで叱られたばっかりですから、小さい小僧さんは、いとも神妙にしているのですが、大きい小僧さんは、もういたずらをし始めました。坐らされたのも、小さい小僧さんは、お風呂を沸かすのに和尚さんが「何でもいいからどんどんくべてくれ」といったので、衣まで燃してしまったためだし、大きい小僧さんは「飯が仕事をする」という話を聞いたからと言って、鍬に握り飯を括り付けて、田んぼに放ったらかして、言い付けられた仕事をずるけたのですから。

さて、大きい小僧さんが一人で何かやり始めたので、辛抱していた小さい小僧さんも、面白そうだと思って手伝い始めました。寺中の水溜めの水を全部、大きなカメからヤカンに至るまで、捨ててしまい、釣瓶の縄を木に結わえ付けて、「細工はりゅうりゅう」と、大きい小僧さんはシタリ顔です。小さい小僧さんは、何やら分からずに手伝うだけ。

やがて、和尚さんが、帰って来ました。大人しく坐っている二人を見て、一つずつゲンコを喰らわせときながら、二人を放免して、仕事を言い付けました。大きい小僧さんは、そっと井戸の中へ入ります。

寺へ入った和尚さんは、びっくり。だって、一杯入れてあった水が、一滴もなくなっているではありませんか。和尚さんが、不思議に思いながら、井戸へやって来ると、釣瓶が重くて上がりません。どうしたのだろうと思っていると、井戸の中から水神サマの声です。

「和尚は、小僧をこき使うから、水をやらんのじゃ」「そ、そんなむちゃな、水神さま」と和尚さんが騒いでいるところへ、出て来た小さい小僧さんがびっくり。「あ、やっぱり落っこちましたか。さっき井戸の中へ入ろうとしたから止めたのに」。

これで、和尚さんは、訳が分かりました。

井戸の中からは、まだ「小僧を叱らないと約束しないうちは水をやらんのじゃァ」と水神サマが怒鳴っています。「ハイハイ水神さま」と言いながら、和尚さんは井戸の蓋をして、「もう水は要りませんから」と言います。驚いたのは水神サマ、とうとう心細くなって、泣き声を立て始めました。さすがに可愛いそうになって、和尚さんは、小さい小僧さんといっしょに、大きい小僧さんを引き上げてやりました。

後はまた、ゲンコを一つずつやって、いたずらはもうしませんと謝って、二人はまた仕事に掛かります。和尚さんは、アハハハと笑いました。

【評】

さすが、木下順二の脚本。いたずら坊主が、そのまま跳ね回って、それで結構面白い劇になっている。というより、民話を借りて、自由自在に飛び回らせるための劇かも知れない。

詢、修吾の小僧さんは、詢のはしっこさと修吾のポカンとした可愛いさが、よいコンビを作った。修吾も詢に対して見劣りしない。詢は、さすがにこういうのでは第一人者だ。

義行は、とぼけたところが面白い。元来和尚さんは、大人がやることになっているので、少し軽かった。

明るく、素直に笑えるいい劇。

中学生の劇には、ひねくったものより、このように自然なままやって行けるのがいい。

## □「雪の少女」

【出演者】

小畑ひとみ　広田美千代　佃治子

【ものがたり】

山の中の一軒家に住むおじいさんとおばあさんには、子どもがありません。淋しさを紛らわすため、二人は想像だけの子どもを作って、帽子を作ったりして慰めているのでした。

ある雪の降る晩、ほとほとと戸を叩く音がします。戸を開けると、そこに立っているのは、可愛い女の子でした。女の子は「あたしは、おじいさんとおばあさんの子で、ビヤンカっていうの」と言います。こんな可愛いい子が出来て、二人とも大喜びです。

ところが、暖かい部屋の中で、暖めてやろうとすればするほど、ビヤンカは元気がなくなって行きます。「風邪かしら」、おじいさんとおばあさんは、心配して、毛布を掛けたり、ストーブの火を燃しつけたりしますが、ますますビヤンカは、元気をなくするのです。

そして、二人がビヤンカを残して出たあと、ビヤンカはそっと部屋を出て行きました。

ビヤンカがいなくなったことを知った二人は「ビヤンカ、ビヤンカ」と呼びながら、探し回ります。

窓を覗いた二人は、ハッと顔を見合わせました。窓の外に今朝二人が作った雪だるまが、さっきおばあさんがビヤンカに被せてやった赤い帽子を、被っているではありませんか。そうだったのか。二人は、そっと窓を閉めて、言いました。

「ビヤンカ、おやすみ」


【評】


ロマンチックな劇。照明も良く、美しく出来ました。

観客の評判もよく、ことに、退屈して騒ぎ出しそうなチビどもが実に大人しく見ていたことは、この劇のうまさを、示します。

ひとみも、美千代も、よく研究してやっていました。練習始めのうちは、小手先の技巧が多かったのですが、舞台で稽古を始めてから、かなりよくなりました。ひとみの進歩は、大したものでした。美千代も、よくやりました。やはり、技巧が多過ぎます。

治子は、元々の器用さで、難なくやりこなしました。

全体に、脚本のためでもありますが、発声などにおいて、弱い感じがあります。

雪だるまなど戸外のことを、もっと装置の上で、考えたらよかったと思います。狭いからやむを得ないけれども……。

## □「あらしの前」(四幕) ドラ・ド・ヨング 原作　笹倉五郎 脚色

【配役】

ファン・オルト　笹倉　　三女 アンネ　生田隆子
長女 ミープ　永尾篤子　　三男 ピム　武部一孝
長男 ヤン　大内信男　　ヴェルネル　坂本雅信
次男 ヤップ　小谷一司　　解 説　藤原しげ子
次女 ルト　大久保和美　　放 送　笹倉

【ものがたり】

オランダの田舎のある町に、レヴェル・ランドという名のついた邸があり、そこにはファン・オルトというお医者さん一家が住んでいました。

子どもたち――しっかりものの長女ミープ、一本気な長男ヤン、頭が良くてヒューマニストのヤップ、文学少女のルト、明るく可愛いいアンネ、いたずら盛りのピム――は、愛情に包まれ、伸び伸びと自由に育っていました。

すでに、一九三九年九月ドイツはポーランドに侵入し、イギリス・フランスはドイツに対し宣戦を布告して、世界第二次大戦が始まっていました。

まだ両軍の間には大きな戦闘は見られず、不気味な沈黙が続いていましたが、国境にはぞくぞくと大軍が集結し、いまに準備をまったく整えたドイツ軍が猛然と動き出すかも知れない——そういう暗雲が、全ヨーロッパの空を覆っていました。

しかし、この物語の始まるころ、オランダは、まだ平和でした。風車がからからと回る平野には、明るい太陽の光が注がれていました。

レヴェル・ランドの子どもたちも、迫り来る不幸を知らず、幸福な日々を送っていました。明日から、クリスマスの休暇が始まるのです。成績をもらって帰る子どもたちは、それぞれ自分たちのを見せ合って、騒いでいました。

ところが、ヤンは、ひどくしょげています。ヤンは、大学へ行って、お父さんと同じような医者になりたいのですが、成績が思わしくなく、先生に注意され、ひどく失望しているのです。ヤンは、イライラして、アンネに怒鳴り付けたりするのです。ミープは、そのヤンの心配を慰め、励ますのでした。

ヤップは、成績はいいのですが、そんなことは、気に留めていません。ただ彼の気にするのは、ちっとも世の中を良くしようと努力しないくせに、子どもには無駄な説教をする大人のこと……明日にある校長先生の演説のことでした。

でも、それぞれに優れたものを持っている子どもたちが、その美しいものを伸ばして、それぞれのやり方で、大きくなった時の世界を、良くしていかなくちゃならないのだということを、ミープも、ルトも、ヤップも、アンネも、考えるのでした。

夜になって、お父さんが帰って来ました。お父さんは、見知らぬ、おどおどした子を連れていました。この子は、ドイツにいたユダヤ人の子なのですが、ナチのユダヤ人への圧迫から逃れて、亡命してきたのです。

自分たちの幸せに比べて、たった一人自分の未来も踏み躙られて、母国を逃げなければいけない子がある……子どもたちは暗然としました。「悲しい世の中だ」と、お父さんは言いました。子どもたちも、幸福な家庭の真中へ投げ込まれた戦争の一つの小石を、感じ取りました。

ヴェルネル――このユダヤ人の少年――によって、もたらされた戦争の暗い影は、みんなの心に波紋を広げずにはいませんでした。みんなが暖かく受け入れようとしても、ヴェルネルは、何かを怖れるように、おどおどしていました。

ヤン――勉強に身が入らず神経質になったヤン――には、このヴェルネルのいじけた様子が妙にカンに障りました。

ヴェルネルのことについて、ヤンとヤップは、アンネが止めなければ、摑み合いになるかもしれなかった、喧嘩をしました。「あんなに仲の良かった、あたしたちの中で、いがみ合いが起こるなんて……。いや！」、アンネは、そういって泣くのでした。

ピムは、無邪気にヴェルネルをスケートに誘います。ピムの無邪気さが、まずヴェルネルの心を、ほぐしてゆくようです。ところが、ピムは、スケートをやって足を折ってしまいました。お父さんの身まねで、ピムの足を治療したヤンは、今までにない勇気が湧いてくるのを感じました。そして、今までより一層強い決心で、よく勉強して、立派な医者になろうと思うのでした。

冬が過ぎ、春が去り、北欧の空は久しぶりに、暖かい太陽の日差しを見せました。

ピムの足も治り、ヤンも試験にパスし、そして何よりもよいことは、ヴェルネルがすっかり馴れて明るくなったことでした。

しかし、この時、恐ろしい嵐が迫っていました。

ピムを先生にオランダ語の勉強をしているヴェルネルを呼んで、お父さんは、アメリカへ行くように勧めました。ドイツ軍がオランダへ侵入して来るかも知れないのです。

半年前、命からがら逃げだして、やっと今馴れてきたこの家からまた新しい土地へ……ヴェルネルの悲しみは、そのまま一家の不安でもありました。

オランダの首都ハーグには平和の宮殿が、前の大戦のあと建てられていました。そのとき人々は、ふたたび戦争はすまいと誓い合ったのです。そして、わずか二〇年後に、平和は破られてしまいました。宮殿は建てられたけど、人々の心の中に、平和の砦は築かれていなかったのです。

「世界の人々の九九㌫までは戦争を望んでやしない。だけど残りの一㌫がそうならなければ……」、果たして戦争のない世界が来るのだろうか、ヤップは疑い悩むのでした。

「そういう世界が、きっと来るわ。この戦争の後で」、ルトは、人々の心を信じたいのです。

ヤップも、ルトも、アンネも、黒い嵐の予感に、じっと一点を見つめるのでした。

一九四〇年五月一〇日の早朝、まだ眠っている人々の夢を破って、只ならぬ爆音が轟きました。飛行機！

ヴェルネルが、まず飛び起き、続いて子どもたちが、飛び出してきました。真っ暗な空に流れ星のように光る無数のあかり。大編隊です。

やがて、ラジオは、凍り付いたように立ち竦《すく》んでいるみんなの耳に、恐ろしい知らせを伝えました。

「ドイツ軍が、わが国に侵入を、開始した！」

とうとうやって来たのです。一刻も猶予は出来ません。ヴェルネルをアメリカへ逃がさなければ。

ヤンは、決然として言いました。「お父さん、ぼくが送って行きます！」

お父さんはとめて、自分が行くと言いましたが、ヤンは聞きませんでした。

やがて、ヤンとヴェルネルは、出発しました。自動車が出て行った後、みんなは、危地に進んで赴いたヤンを思い、それから、同じように戦いの真っ只中にいる人々を思い、自分たちのこれからを思って、言葉も出ませんでした。

やがて、重苦しい沈黙を破って、ミープが、力強く言いました。「私たちは、武器ではなしに、平和を願い、人類を信じる信念の力で、私たちを護っていきましょう」

暗い絶望のどん底から、みんなは、平和への強い願いと決意を蘇らせたのでした。

ヤップは、叫びました。「やろう。みんなで力をあわせて。人類のために！　正義の勝利のために！」


【評】

これは、ドラ・ド・ヨング原作のザ・レヴェル・ランド「あらしの前」を笹倉が脚色し、練習中、討議の上で、書き改めたものです。

原作は、愛情に満ちた家庭――一人一人の個性を持った子どもが、自由に明るくしかも理解と思いやりを持って、力を合わせつつ育つ家庭と、それに覆い被さって来る戦争をテーマにした、子どもへの愛情と平和への願い――ヒューマニズムに満ちた香り高いものでした。

それを壊さずに脚色出来たかどうか。

配役の都合や、オランダと日本の感覚の違い、上演の効果などを考えて、原作とかなり離れたところもあります。お母さんを生徒では具合悪いので、省かなければならなかったのは残念でしたし、ややヒロイズムを出し過ぎたところもあって、原作の牧歌的な香りはかなり失われたようです。各子どもの個性やお互いの愛情はかなり出ているし、戦争への憎しみは強く表面へ押し出されました。なるべくやり易いように、オランダ的情緒よりも、日本の子どもの自然なままなようにしたことは、分かり易かったし、自由にやれた利点はありましたが、散文的になり、原作の詩情は失われたようです。

しかし何と言っても、原作のヒューマニズムと平和への願いは、演技以前のものとして出演者を奮い立たせ、魂を込めさせ、観客の心を打ちました。

「やっている人の眼は、烈しく、私たちに訴えるようでした」と、観客のある生徒は書いているし、「何べん見ても、まだもっと観たい」と言う先生もありました。

この劇の成功は、
①平和への熱望、戦争への憎悪、家庭の愛情――などをとおしてのヒューマニズム。
②このテーマに、全ての心が統一し、魂を込めたこと――劇全体の一つの意志と流れ。
③練習の時から、真剣にやり、演技が自然に熱心になされたこと。
④飛び離れた者がなく、夫々の持味を生かして、皆が調和していたこと。

⑤ 適当な劇的要素——盛り上がりがあったこと、などでしょう。

篤子は、初めからよくやりました。舞台は、初めてなので、ちょっと上がり気味でしたし、初めに比べて、その割には発展しなかったようですが、長女ミープらしい、しっかりした性格がよく出来ました。

信男は、素朴な飾りけのない演技です。そしてそこに、迫力があります。読み合わせのときなど、お世辞にも上手いとは言えないようなのに、舞台へ出ると惹き付けるから、不思議です。ボリュームというところか。

一司は、呑み込みが早く、初めの内は一人光っている感じでしたが、みんなが上手くなって来ると足踏みしているようでした。感情に引き摺られて、重い演技に成り勝ちでした。ヤップは懐疑派なのですが、一司は強過ぎたようです。しかし、烈しい演技は心を打ちました。

和美は、言葉の不明瞭なところを意識して直してから、非常によくなり、身体の動きも洗練されて、自然でした。セリフと身体の動きが調和している点では、一番でしょう。

隆子は、声もよく、歯切れもよく、可憐でした。セリフはとても上手いのですが、動作がもう一つです。初め無意識にごそごそ動いていたのはなくなりましたが、明るい場面はいいが、感情が突き詰めたところの動作は固い。

一孝は、どもっていたが、上演の時はよくやり、見劣りしませんでした。全体の雰囲気に溶け込んで、可愛いくやりました。熱心でした。

雅信は、予想したよりはるかによく、研究してやりました。圧し拉がれたヴェルネルがよく出て、見劣りせず、一生懸命にやりました。まだ、発声に難があります。

全体として、第一幕の明るい場面、二幕のピム負傷のところ、第四幕の緊迫した気分のところが、よく出来ました。

効果、照明も、よかったようです。

## ◎これらの劇の他――

### □「彦市ばなし」

笹倉　井野　武部詢

まあ、お得意のところで、練習もほとんどやらず、セリフも覚え切っていないまま、心臓と馴れとで、面白く、詢も、得意のところでした。

### □「金の斧と銀の斧」（人形劇）

藤原智一　大久保和美　森田文夫　大内輝明　笹倉

お馴染みの、池に落とした斧を巡って正直者と嘘つきが、仙女に試されるという童話。智一が、むずむずして、何もかも自分で準備してやったもので、智一はさすがに人形劇のベテランです。人形劇の面白さは、よく分かったようですが、練習不十分で惜しかった。

## □「東中讃歌」（バラエティ）

三日ほど前に、井野と笹倉で作り上げて、練習二回ほどでやりましたが、照明の効果と共に、なかなか感銘を与えたようです。聖夜から始まって過去一年間の歩みを、トロイカ、仕事の歌など入れてやりました。二四日には万雷の拍手を受けました。出演者は、

芦谷隆彦　中村和正　小谷一司　生田頼夫　藤本尚三　松場義行　大内信男　生田英機　武部裕　蛭田守　武部詢　生田隆子　永尾篤子　小谷二代　山上八重　片岡英子　泰永朝枝　大久保和美　田中清子　佃治子

## □「あの世この世」（職員劇）

職員総出（神原　井登　松本　堀口　吉田　村上　藤井　下山）でしたが、ろくに練習もせず、セリフはまったく覚えていず、三〇分の劇が、一時間半も掛かるという脱線ぶりで、二五日には、「もうアカン」といって、やりませんでした。

## （一五）文化祭の意義

この文化祭――もっと正確に言えば、文化祭の準備に掛かってから上演までの時期を代表し、象徴するものは、劇「あらしの前」でありました。

その訳は、

（イ）劇「あらしの前」に、笹倉を初め演劇部の主なメンバーの力が注がれ、演出・演技・効果が高い水準に達し、最も優れた劇になったこと。そして、文化祭に参加した者、あるいはその他の生徒までがすべて、この劇に関心を持ち、協力し、盛り立て、この劇の成功を願い、成功を喜んだこと。

（ロ）この劇を頂点（ピーク）として、この文化祭全体が、見事な統一を形作り、一つ一つがばらばらでなしに、文化祭全体を一貫するものとなったこと。

これらの他に、

（ハ）担任の交代などによって、高まりつつあった校内の良心的な、民主的な活動に、掣肘《せいちゅう》が加えられ、目に見えぬ圧迫を感じつつあった生徒たちが、「あらしの前」のヒューマニズムに自分たちの要求を見出したこと。言い換えれば、レジスタンスの旗印となったこと。

（ニ）この高まりに対する「反動攻勢」が、この時を境に深刻になり、この後一年間にわたる大きな「あらし」を呼び起こして行った。そういう「あらしの前」であった。

ということでした。

演劇部の大きな発展と校内での複雑な矛盾の深刻化という点で、この文化祭は一つのエポックでありました。

演劇部の発展は、先に述べたような、圧迫からの逃避とレジスタンスを求めた生徒のエネルギーが、新校舎の落成が延び延びて、その結果、大きな感激もなく鬱積していたのが、文化祭にほとばしり出

たこと。去年のクリスマスからの発展し、笹倉・井野などの牽引力などによって、もたらされたものです。その内容は、

（A）意志の統一と心の繋がりが出来たこと。

（B）自主的な運営や努力が大きく伸びたこと。

（C）演技その他の技術が上達したこと。

などでした。一部にごたごたもありましたが、先に述べたように、「あらしの前」を中心として、全部の意志が、「いい文化祭をやろう」ということとレジスタンス的な気持が一致し、演劇部だけで一〇本の劇をやり、それぞれ巧拙もありながら、一〇時間もの間、観客を飽きさせずにやり通せたことは、この現れでありました。従って、色々な点で心の繋がりが出来、愛情と思いやり、協力などが芽生え、固い「集団」となって行きました。

笹倉、井野が、牽引力となったことは確かですが、生徒の自主的な気分が大きく盛り上がりました。練習も、今までに書いたように、「生あるものは答えよ」を初めとして、「花の詩集」「無心」「火星から帰った三人」「金の斧銀の斧」など、それぞれに自主的な練習を積みました。

装置作りは、一司を中心として、尚三以下多くの者が、献身的にやりました。

照明の頼夫、音響効果の義行は、それぞれ責任を持ってやりました。

舞台作り、幕引き、プロンプター、その他の裏方は、弘毅、敏博、雅信を初めとして、大勢の者が進んでやりました。

また、演技についても、それぞれ研究を凝らし、厳しい練習によって、大きく飛躍・向上し、効果

の技術も、会得しました。隆子、和美、一司、信男、詢、篤子などは何処へ出しても恥ずかしくない堂々たるものになったし、朝枝、ひとみ、雅信も大きく進境を示し、難はあったが美千代も大したものでした。修吾、裕は、惑星的存在でありました。治子、綾子も手堅く、康雄、頼夫などしっかりしていました。

その他、セリフのやり取り、劇運びの滑らかさ、動作の自然さなど、ほとんどの劇に見られました。

こうして演劇部は、独特な性格を持つクラブになり、演劇部員であることが誇りであるような、また、東中の文化活動を背負って立つような気分が出来たのでした。

この演劇部の発展は、内外に色々な影響を与えました。クラス活動、生徒会、他のクラブなどに、直接間接に、よい影響を与えると共に、文化祭に示されたレジスタンス的気魂は、それを快く思わない人々に一種の脅威を持たせました。

演劇部の力と文化祭の成功は、誰も否定出来ませんでした。「劇の内容はともかくとして、素晴らしい出来だった」とは、多くの先生が考えたことでした。「あらしの前」や「生あるもの……」の内容に反感を持った人々ですら、賞賛を惜しまなかったのでした。

他方、自主的な活動が組織化されておらず、自然発生的なものだったことは、一つの欠陥であったし、「上演のため」というやり方のために、色々な無理を生じ、文化祭までの期間に、脱落者を出して行ったことは、反省しなければならないことです。

二六日に、反省会をしました。あまり反省のようなことが出ず、レクリエーションとしての集いになり、楽しく一日をすごしたのですが、この後、批判を求め、お互いを批判しあう空気が生まれたことは大きな収穫でした。

こういった、自主性、献身的努力、批判という気分は、一年後の文化祭にふたたび花を咲かせますが、それまでの期間、クラブ指導（笹倉）の研究不足と、圧迫その他の障害のため、活動の停滞期をもたらし、よい芽が十分に伸びずに、過ぎることになりました。

何かしら、重苦しい気分がのしかかって来つつあることを感じ、それに反抗しようとしながら流されて行く、そういう時期がやってきます。そして、笹倉の退職という「あらし」が、全てを根こそぎにするかのように吹くのです。

これまでに培われたものは、嵐によって滅びはしなかったし、次の文化祭においてそのことが証明されますが、嵐はやって来たのです。

この文化祭は、このように色々な面において「あらしの前」であったのでした。

## 【五】組織の編成（一九五五年一月～三月）

| | |
|---|---|
| 五五年一月 | 同好会からクラブとしてやることになる<br>組織を作る　企画委員会（一二日）<br>放送を始める（一三日）<br>クラブ同好会組織を改め、クラブ一本となる（一九日）<br>希望調査　クラブ再編 |
| 二月 | 新しく演劇クラブ発足（二二日）<br>学校経営研究会の計画<br>研究会（八日）<br>企画委員会で今後の計画（一九日）<br>小学校学芸会に参加 |
| 三月 | 企画委員会で送別会の計画（二日）<br>送別会（一五日） |

### （一六）演劇部組織の編成

一二日に、全員集合して、これまでの発展を基として自主的な運営活動をするため、しっかり組織立てることを相談し、全体の企画をするため、企画委員会を設け、演出部、照明部、音響効果部、演技部、放送部と記録係、その他を整えることにしました。

校内放送設備を活用して、今後 放送活動をも行なうことにしました。

一方、職員会では、一一月に定めたクラブ活動と同好会の二本立ては意味ないことを認め、来る二月の学校経営研究会のために、もう一度クラブ活動経営を建て直すことになり、希望を調査して、クラブ一本とし、可能なかぎり、いくつクラブに入っても構わない、各クラブは、曜日を変えて行なうことを決定しました。

これは、演劇クラブの活動に刺激されて、他のクラブも開始、活動しなければならない、という気運が起こったためでもあります。

希望調査からクラブの日割、配置を決定したのが二〇日。

二二日の活動日に、新演劇クラブが発足しました。

・委員長　武部詢　・演出部　小谷一司　・照明部　生田頼夫　・音響効果部　藤本尚三

松場義行　・記録係　田中清子 大久保和美 生田隆子

などを決めました。

企画委員会は、適宜希望者で構成するということになりました。

この組織は、これまでの自然発生的な役割に名称を付けたもので、なお不明瞭なところもあり、その後、条件がいろいろと変わるに従がって、必ずしもかっちりと組織立って行なわれた訳ではありませんでした。

二〇日の希望調査では、演劇部の希望は七〇人を超え、二二日に集まった者だけでも五〇人を超えるという有り様でした。

## （一七）校内放送

一三日に、これから、放送設備を活用して、放送活動を行なうこととし、プログラムを立て、放送テストをしました。

二月中旬から放送部が独立するまでに、演劇部としてやった放送は、次のとおりでした。

| | | | | | |
|---|---|---|---|---|---|
| 一月一七日 | 朗　読「孔子と琴の音」　小谷一司 | | | | |
| 二二日 | 放送劇「海の見えるホテル」 | | | | |
| | | 語り手 | 小谷一司 | 三宅新五郎 | 松山 |
| | | ボーイ | 〃 | 少年A | 永尾篤子 |
| | | 電話係 | 田中清子 | B | 大久保和美 |
| | | 桐野 | 井野 | アナウンサー | 笹倉義昭 |
| | | 牧村 | 笹倉 | レコード | 山本義明 |
| 二四日 | 朗　読「くもの糸」　大久保和美 | | | | |
| 二五日 | 〃「百田宗二詩集」　生田隆子 | | | | |
| | 〃「藤村詩集」　笹倉 | | | | |

| | | | | |
|---|---|---|---|---|
| 二七日 | 放送劇「舞い込んだ手紙」（永来重明作） | | | |
| | 寅吉 | 坂本雅信 | 長老甚助 | 生田頼夫 |
| | 良作 | 小谷一司 | 世話役九左衛門 | 大内信男 |
| | おたつ | 大久保和美 | | |
| | 船長 | 松場義行 | 語り手 | 笹倉 |
| | 郵便配達夫 | 蛭田守 | 音響 | 米田弘毅 |
| 二八日 | 朗読「にんじん」 | 田中清子 | | |
| 二月四日 | 〃　〃 | 〃 | | |

その後、二月中旬から別に放送部ができて、放送は演劇部の手から離れました。……放送部は、ほとんど演劇部員から、成り立っていましたが。

## （一八）劇活動

一月二二日、上演を目的とせずに、練習をすることに決め、練習脚本として「小さないさかい」を選んでやることにしました。

脚本はすでに一八日、義行によって作られていましたので、二二日当日、一とおりみんなでやり、その後三組に分かれて、一つの脚本をそれぞれ別個にやるようにしました。

二九日には、一組だけでやって、他の者はそれを批評するという形式を採りました。だんだんと上手になって行きました。

二月八日に学校経営研究会をやるとき、クラブ活動の発表その他に、演劇部が参加することが決定しました。そこで、「小さないさかい」の練習状態、劇「あらしの前」、幻燈「フランダースの犬」をやることにしました。

二日　「あらしの前」練習

四日　舞台作り

六日　「フランダースの犬」録音、「あらしの前」解説録音

七日　「あらしの前」練習

八日の研究会当日に、演劇部としてやったことは、次のとおりです。

○　クラブ活動発表（二時間目）、「小さないさかい」稽古の状況

演出　小谷一司で、一部が立ち稽古をし、他がそれを見て批評するという練習の様子を、三ノ一の教室でやった。あまり見に来る人がなかった。

○　「中学生の夕べ」発表として、幻燈「フランダースの犬」

録音は、解説・生田隆子　ネルロ・大久保和美　おじいさんなど・笹倉

非常にうまく出来た。五三年夏の衣笠久子の録音よりも優れた出来だった。幻燈の録音としては　まず滅多にない、良いものであった。

○　劇「あらしの前」

文化祭との変更は、解説・田中清子　放送・笹倉

文化祭ほど魂がこもらなかったが、技術は上だった。

これは批評会で、賞讃された。

このの ち、企画委員会で、練習脚本を、「おばけやしき」「山びこ学校」「帰って来た安次」「赤ずきん」などを決定。田中清子、永尾篤子などでプリントしました。

二月末、小学校の学芸会から劇を一つ参加してほしいと要望があり、「和尚さんと小僧さん」を文化祭のままで上演、好評を得ました。

三月に入って、三年生の送別会のために、「小さないさかい」「帰って来た安次」「赤ずきん」をやることを、企画委員会で決めましたが、「赤ずきん」以外は、実現しませんでした。

送別会のプログラム（三月一三日）
一年一組　劇「命を釣る」、劇「小さなランプ」
一年二組　劇「若草物語」、クイズコンテスト
二年一組　劇「おばけやしき」、即興劇場、人形劇「魔法くらべ」
二年二組　歌、劇「白いほうたい」
文化部　バラエティ「東中よ　さようなら」
演劇部　劇「赤ずきん」
「赤ずきん」の出演者＝生田隆子　広田美千代　永尾篤子　笹倉　小谷一司

各クラスの劇にも演劇部が活躍（クラスの劇に出たのはほとんど演劇部員だった）。ことに、「白いほうたい」の修吾は好演であった。「赤ずきん」は好評で、「さすが演劇部」の声が掛かりました。

## （一九）この期間の傾向

文化祭の高まりに引き続いて、この時期には、ただ上演のための集まりとしての演劇部から抜け出ようとして、色々の試みが行なわれました。

組織を系統立てること、普段の練習をやること、新しく入って来た人を伸ばすこと、演出なども生徒の手でやること、お互いに批評すること、放送も。

企画委員会を設け、その下に各持場を定め、練習脚本を用いて基礎練習をみんなでやるということが行なわれました。そして、お互いに批評しあう機会を設けました。放送にも力を入れ始めました。

こういう試みは、後に述べる事情のため、だんだんと退潮して行きました。しかし、演出、お互いの批評、でっち上げじゃない真面目な研究という経験は、色々の点において——演技だけじゃなく、心の面でも、後にいいものを残しました。

自主的な努力というものは、ことある度に現れました。ガリ版切り、製本、人集め、批評、送別会でのクラスの劇など。

これらは、この時期には、十分実を結ばなかったが、五五年文化祭に、その無駄でなかったことを示します。永尾篤子、広田美千代、泰永朝枝などの三年生、義行、和正、雅信、弘毅、敏博、紘一郎などの新しく活躍を始めた者などが、積極的に動こうとして来ました。新入部員が増え、蛭田守、小畑加代子、岡田満子などと共に、何かやりたくてたまらないという動きを見せていました。とくに、田中清子が、組織的な面、下積みのことに、異常な勢力を集中し始めました。

学校では、とくに二年生に対して、厳しく抑えつけるような教育が行なわれ、デマや中傷もあって、二年生の間に、暗い気分が漲って来ました。重苦しい圧迫、理科室へ入るのは気が引けるというような気分は、当然演劇部に反映しないではいません。（門脇注＝笹倉先生は、職員室でよりも理科室で仕事をされている時間の方が、多かったのです）。また、演劇部自身に対しても、とくに前から活躍していた者に対して、陰にひなたに、圧迫がありました。

こういう下では、よほど強くレジスタンス的な気持を持つ者か、比較的そういう圧迫から自由な者しか活動出来ません。絶えず監視されているような気分の下で、明るい活動が出来るでしょうか。色々な試みにもかかわらず、次第にそれが下火になって行き、ことに古い部員（とくに二年生）に悩みが深くなって行くのです。

笹倉が研究会、三年生の受験準備などで忙しく、活動日が土曜日の午後だけという状態では、潑剌とした新入部員も、活躍をしようとする人々にも、何かしら物足りないものを感じるのでした。研究会の上演、送別会、小学校の学芸会など公認されたものの時だけ、ぱっと燃える花火のようなものでした。

みんなから頼りにされる一司、信男、和美、隆子などは一応やりながらも、暗い気分に圧されがちで、それが、その他の清子、雅信、弘毅や新入部員などに、不信と不満を醸しました。治子は、受験勉強をしながらも、よくやって来て、このまま卒業するのは心残りだという気分を持っていましたが、綾子、ひとみ等は、完全に辞めてしまい、一抹の淋しさを感じさせました。

新しい気運と沈滞、それが複雑に組みあい、全体として押し流されて行く、そういう気分でした。研究会に、自主的な練習として意気込んだ「小さないさかい」が、それ自体としては非常によい気風を作り出しながら、心なき参観者のため、派手でないために無視され、その心理的影響は大きかったのです。

ただ、放送だけが、息抜きのように活動しました。しかし、数人の放送部になってからは、他の者の折角の意気ごみは衰えました。放送部として、指名された数人は、前からの放送を引き継ぎ、後の基盤を固めました。

## 【六】嵐に抗して（五五年四月〜一〇月）

| | |
|---|---|
| 五五年四月 | （八日）新学年の初会合　新入部員あり |
| | 企画委員会により、こどもの日の上演計画 |
| 五月 | こどもの日の上演 取り止め |
| | 演劇部の解散　新発足を決定 |
| | 新しい練習の形を取り始める |
| 八月 | 幻燈巡回 |
| 一〇月 | 笹倉上京 |

### （二〇）「こどもの日」のために

四月八日、新入生の入部希望者を含めて、学年初めの会合が開かれました。ここで、昨年度から目論んでいた「こどもの日」の上演が、予定に上げられました。そして、先生の手を離れて生徒だけの力でやって行こうという決意がなされました。

その後、企画委員会を開き、レパートリーの予定が立てられ、なるべく新人を起用しようという原則によって希望に添いつつ、配役を決めました。

それからの田中清子の活躍は、目覚ましいものがありました。次から次へとプリントを切り、練習の人員を集め、演劇部を一人で背負うような奮闘を始めたのです。各劇とも何回かの練習を行ないました。それはまったく自分たちだけでやる練習でした。

学年初めの、他のことがあまり忙しくない間に、練習しておこうという気持で、ときには日曜まで出てきて、やるのでした。

職員会でも、こどもの日の行事は、予定に乗せられました。

「北風のくれたテーブルかけ」＝永尾康雄　金田順子　山崎修吾　吉田清子　藤本尚三　上石国雄　藤本健作　米田弘毅

「そら豆の煮えるまで」＝武部裕　藤本佳代子　西村栄子　小谷一司　森田多可司

「河童と百姓」＝坂本雅信　山本敏博　松場一己　上石国雄　藤本健作　米田弘毅

「眠りの精」＝蛭田守　村上公子　小畑加代子　田中清子　中村和正　森田多可司　藤原昭夫　山本義明　武部一孝　藤井義輝　（のちに）飛田直子　藤本由紀子　小林伊津子　山口万智子　藤原勝子　藤原寛子　大久保和美

「さるかに合戦」＝村井照康　山本輝子　藤本五男　森脇文雄　山本義明

「赤ずきん」＝生田隆子　大久保和美　田中清子

田中清子を初め、吉田清子、山本輝子、坂本雅信、山本敏博、米田弘毅、西村栄子、藤本佳代子、

蛭田守、村上公子、藤本尚三などは非常に熱心でした。

しかし、その反面、色々な矛盾が出てきました。

その一つは、前の章で述べたような精神的圧迫によって起こされたものでした。和美が、「演劇部、辞めようかしら」と言ってきました。これは、演劇部が、笹倉の影響を強く受けていることに対する圧迫が、あずかっていました。それが、三年生になって将来への不安ということとも重なり、不安定な気持になったのでした。もう一つは、清子との対立とまではいかないが、しっくりしない気分もあったようです。それは、「いい劇を、上手くやりたい」という和美の芸術的な考えと、「演劇部を、広く強くしたい」という清子の組織派的な考えとの、矛盾でもありました。

清子たちの方には、「前からいて、上手い人が、演劇部作りの地味な仕事に、積極的でない」ことの不満があったし、和美の方では、「何かがさがさした気分で引っ掻きまわして、私らは、のけものみたい」と感じたのでしょう。

これは、客観的には、精神的な圧迫のために生じたことなのです。それが、片方には不安を、片方には抵抗を与え、笹倉が、強力に動かなくなることによって、相対的な統制力が減じたためでもありました。

多かれ少なかれ、隆子も、同じような悩みを持ちました。隆子は、「劇はしたいのだが」という気持でしたが、和美と共通した不安と芸術派的考えを持っていました。

隆子には、清子との間に気分の相克はなかったのですが、和美とずっと一緒にやって来た以上、そして和美と通じる気持を持っている以上、和美と行動を共にするのは当然です。

このことは、男の子の方にもいくぶんかはあったかも知れません。かつて自分らで途を切り拓き、いくぶん完成した喜びを味わって来た、ベテランたちのよき過去の日を思う気持と、今から自分たちの途を切り拓いて行こうとする、気鋭のパイオニア精神を燃やす新しい層。

この二つが、助け合うことが出来ず、どちらか一方というような対立的なものになったことは不幸なことでした。片方には技術があり、片方には情熱がある。

男の方でも、雅信、弘毅あたりが、今度は自分たちの番だというような気持を持っていたのに対して、一司、信男などは、なるべくそのために途を譲ろうとする消極的態度でした。一司も、恐らく信男も、演劇部に対する圧迫を敏感に感じていたに違いありません。ことに一司は、前章にあったように、演出として張り切ろうとし、また、演劇部を盛り立てることを念じていたにもかかわらず、自分の指導力・統制力に自信を欠き、遠慮がちでした。

尚三は、相変らずよくやりましたが、指導力には欠けました。頼夫も「ぼくは照明だけやる」と言っていましたし、義行も、消極的でした。

もし、二月〜四月の間に、一司が、もっと自信を持ち、強い中心となって、信男と共に頑張り、尚三、頼夫、義行らが、有効に動き、清子などの女子軍と協力し、和美、隆子の技術を生かし、気鋭の雅信、弘毅、敏博、輝子、清子《きよこ》（吉田）、公子らを盛り立てて、「こどもの日」に向かい、その後、そこで芽生えた力に、バトンを渡すようにしておれば、見事な組織が作られたでしょう。

けれど、客観情勢の悪化、それにともなう笹倉の後退、指導方針がしっかりしていなかったこと、三年生が、ずっと後に見られるような、本当の集団的協力を持つまでに、高まっていなかったことなどによって、それは出来ませんでした。

その上、男の方の大部分が、スポーツ部に入っていたため、両方をやろうとしながら、かなり無理がありました。もし、部がよく動いていれば、それは大した問題じゃなく、事実、清子、尚三などは、両方を掛け持ちながら、決して演劇部へのエネルギーが少なくはなかったのです。

笹倉は、非常に迷っていました。和美、隆子を失うことは、忍び難いことです。といって、新しく盛り上がってきたエネルギーを、抑えることは出来ない。「こどもの日」というカンパニアを起こせば、何とかなるだろう。それが唯一の途のように思えました。

しかし、これまでに述べたように、ベテラン連中が動けなくなったことは、大きな痛手でした。何人かを除けば、やはり強力な指導がなければ、劇をやって行くことに馴れていない者ばかりでした。一人か二人ベテランがいて、引き締めることによって、大きな違いが出てきます。不馴れ揃いでは「烏合の衆」になりがちです。それでは、劇が劇にならないのです。

笹倉は、教員組合のサークル活動や何かのため、「やっぱり、先生に来てもらわな、あかんわ」と言われながら、指導に出ることがなかなか出来ませんでした。

しかし、いろいろ不利な条件の中で、各劇とも、兎も角も練習を続けました。清子の超人的な奮闘は、自分一人でやってみせるというような悲壮なものでした。

何かに抵抗するような気分がありました。そして、練習するみんなの気分は、段々と高まってきました。しかし、「こどもの日」が、つい数日に迫った日、笹倉は、上演不可能の判定を下しました。

笹倉は、練習中の劇を見たとき、「これでは」と感じました。「芸術的要求」を充たすには、あまりにも貧弱でした。それに、舞台その他の準備が何もしてありませんでした。これまでの文化祭には、ほとんど授業を潰して準備に掛れましたが、今度は財政的にもあまり余裕がないし、時間的には非常に窮屈でした。色々な交渉をし、劇を上演するまでの準備は、不可能に思われました。そして、それまでしてやるには、劇としての値打ちが少な過ぎるように思われました。

「何とかしてやってみせます」「どうか、やらせて」「やらなかったら、後がどうなる」という清子の

### 〈幕間のつぶやき〉

**スポーツ面**　笹倉先生の「燃え上がる火に、水を掛ける」に語呂を合わせるという訳ではありませんが、演劇以外のスポーツ（運動）のことに、少し触れます。

生徒の私たちは、最終学年の三年になりました。この年令の男の子は、当然スポーツが大好きで、演劇部員も、冬場は演劇、夏場はスポーツというのが自然でした。もし、二者択一でどちらかだけを選べと言われれば、大いに困ったでしょう。

私は、入学以来、野球部に所属し、三年時にはキャプテンを務めていました。三年間の前半は、比延小のライト側が狭い運動場で、後半は、西脇東中に移転してからは広くはなりました。が、元は田んぼか池の上に赤土を盛り、その上に砂利とコークスを撒いて作った運動場ですから、少々ローラーを引いても凸凹という劣悪なもので、内野はまだしも外野にボールが飛んでワンバウンドすれば最後、行方はボールに聞くしかなく、文字どおりお手上げの状態でした。

しかし、元気盛りの私たちは、整備不十分や炎天下など、そんなことはものともせずに、連日

練習に励み、登校日の放課後や日曜はもちろん、春休みや夏休みこそ練習に格好の時間と、多くの時日を重ねて、励んだものでした。一方、野球以外でも、松場義行君らはバレー・ボール部で、坂本雅信君らは水泳部で、頑張っていましたし、「無心」で無心流の剣士を演じた米田弘毅君らはずばり剣道部でした。

野球では、二年時に、ライバルの西脇中が、地区・県で勝ち抜き、近畿大会で優勝しました（のちにプロ野球、ヤクルトで選手としてコーチとしても、活躍した丸山完二選手もメンバーで、三塁手でした）。西脇中と西脇東中とでは、元来、母集団の生徒数に格差があり、一学年で一〇クラス前後と二クラスとでは、常識的には、こちらが極めて不利です。しかし、こちらは三年生が一人だけで私たち二年生が主力でした。私たちが三年生になった時、向うは前年優勝の主力がほとんど卒業してしまっており、私たちは、今年こそは千載一遇のチャンスとばかり、意気込んでいました。新三年生の生田頼夫、大内信男、小谷彰、藤本尚三、山本卓二、山本義明の諸君と私・一司の七名、二年生の高瀬定彬君ら二名、合計九名が正選手でした。私が一番バッターで、主力の三、四番は大内、生田君でした。二人はわがチームのエースピッチャーでもありました。（二年生からレギュラーだった私の三年間の対外公式試合出塁率は五割を越えていたのですゾー。エヘン！　イチロー並？）

ですから、劇か野球かどちらか一方と言われれば、私は、野球部を選んだと思います。

「で、西脇中との対戦はどうだった？」ですって？　負けてしまいました。半年そこそこで新チームを作り上げた西脇中の監督（先生）は、尊敬しますが、対戦時の審判（キチンとした審判の服装でプロテクターも装着した本格的な格好でした）は、まったく尊敬出来ません。

わが西脇東中チームの守備の際、外野に飛んだボールがバック・ホームされ、ホーム・ベースの二〜三メートルほど手前で、キャッチャーの藤本君が、ランナーにタッチした。と思いきや、「セーフ、ホーム・イン」の判定。てっきりタッチされたと感じたはずの西脇中のランナーは一瞬キョトンとした顔をしました。私は一塁ベース付近で見ました。内野手は思わず数歩駆け寄りました。が、三塁側のベンチから出て、わが藤原恒一監督（先生）が制止して、守備位置に戻れと指示され、試合は続行されました。結局、これが決勝点になって、負けたのです。「微妙な判定」でも、「単なる誤審」でもなく、「意図的な判定」だったと、今でも思っています。悔し涙を呑みました。厳正中立・公正なはずの審判（オトナ）の判定です。私たちは、中学生（コドモ）です。……………。

演劇部におけるよりも、多くの時間を注いできた三年間の野球部での、最後の対外公式試合が、この顛末でした。清々しいはずの少年スポーツの場・教育の場で、経験させられた、なんとも悲しくもやるせない、そして、忘れられない「思い出」です。

「燃え上がる火は、水を掛けられてしまった」のです。火が消されただけでなく水は「氷」になってしまったのです。

以上、私たちが、文学少女よろしく、演劇だけをやっている青白い顔の、なよなよとした演劇少年と思われてしまっては心外なので、少しスポーツ・運動面について、述べました。

懇願を押し切り、笹倉は、上演の中止を命じました。みんなの顔には、失望の色が、濃く浮かびました。「もう劇はやりたくない」、そういう気分すら見えました。

「犠牲にしたな」、笹倉はそう考え、悩みましたが、他の様々な事柄に忙殺され、疲れた笹倉には気力がありませんでした。

これは、大きな誤りでした。みんなのエネルギーの高まり――これは上から強制したものではありませんでした。自発的に高まってきたエネルギーがカンパニアに結集しようとしていたのです。これを、どんな理由があるにせよ、破壊することは、決定的な、日和見でした。「やっぱり、止めたことは、間違いだった」、笹倉は、後でそう思いました。

「次の発表機会のために、このエネルギーを温存し、高めてくれ」と言う笹倉の言葉も、折角「こどもの日」を目指して、張り切って来た連中には、しっかりと受けとめられませんでした。

発表する予定だった五日当日、「眠りの精」が、悲壮な練習を行ないました。蛭田は真面目でした。

しかし、これを最後として、皆の高まっていた気分は、急激に冷却しました。

この中止は、燃え上がる火に、水を掛ける以外のものでは、なかったのです。

## (二一) 新しい練習の方法

こうした中に、笹倉および部員の心に、ベテラン依存の気持が深く残っていたことは確かでした。

笹倉は不安に悩み、あるいは他の多くの仕事に（スポーツ部や生徒会活動など）追い回されている、ベテラン連中に依存することを止めなければならない、と決心しました。

集まり得る限りの人数を集め、

「私のやり方がよくなかったため、色々な支障を来たし、〔こどもの日〕の上演を中止しなければならなかった。これを反省し、今後やれる者だけで、次の文化祭まで、地味な研究を続けて行こう。上演目当ての練習を止めて、基礎的な練習をやろう。色々他のスポーツや他の仕事がある人は、一時、演劇部を辞めてもらいたい。今まで長く演劇部のために尽くしてくれた人は、必ず次の文化祭には満足してもらえるようにするから、しばらく機構を縮小し、本当に毎日でもやれる者だけでやって行こう」という意味のことを告げ、解散の賛否を、問いました。一同、義行、照康、和正、和美など悲壮な面持ちでした。しかし、「必ず今度の文化祭を待っていてくれ」と言う笹倉の言葉と、今活動し難い自分たちのことを考えねばなりませんでした。

一同は保留し、初めは誰も解散に賛成しませんでした。やがて、しかし、ぼつぼつと賛成の挙手をしました。

新しく部員として残る者を、募集しました。二〇人ほどが数日の間に残りました。大内信男が「先生、ぼくはやる」といって来ましたが、これで止めてしまうのではないことをさとし、多忙な信男にあまり重荷を負わせるべきでないことを言って、とめました。（門脇注＝大内君は、生徒会長でもありました）

新しく入って来た者も、二、三人ありました。こうして、この次からは、まったく新しいやり方で、笹倉自身が指導に乗り出して、始めることになりました。

はっきりとした見通しはなかったのですが、このとき始めたやり方は有効な正しいクラブの練習方法でした。

発声と発音、イントネーション、エロキューション等を、基本的に正すため、「ポドラシイのこうのとり」（キュリー夫人の伝記の初めにあったポーランドの民話）の朗読、アイウエオアオ　カキクケコカコ……などや、早口言葉の練習、「青い鳥」の墓場の場、チルチルとミチルの対話など楽しい練習でした。これに、ゼスチャーや、自由発想の即興劇や、物真似や、演劇の歴史、物の考え方、優れた劇の話、劇の効果の技術などを加えて行けば、非常に楽しい、面白いものが、出来たでしょう。

この期間に集まったのは、小谷彰、雅信、弘毅、清子、吉田清子、輝子、公子、後に隆子、蛭田守、土本征二、片岡栄、岸本義則、小畑加代子、小畑加寿子、藤本峯子、西村栄子、金田千恵子、藤本佳代子、三和田通乃、飛田直子、小林伊津子、田中克代、藤原寛子、藤本由紀子、藤本双葉（健作の妹）です。時々、義行、健作なども来ました。

こうしてやるうち、お互いの批評も活発に行なわれ、「中学生の夕べ」に、一つやろうということになりました。そして、「女神のおくりもの」という寸劇を選んだのですが、その配役は希望者の中から、選挙で選ぶという、演劇部初めての決め方で民主的自発的な空気が、現れて来たのです。また、藤本佳代子が、脚本を書いて来るなどしました。このころ、清子は、やはりよく働きました。

そして、一年生の中に、目立ったのが出てきました。克代、直子は、非常に積極的で、克代などは、一番初めに手を挙げてやり、次の日には練習して来るなどの、珍しい研究心を示しました。非常に発声もはっきりしていました。

「女神のおくりもの」は、六月の「中学生の夕べ」にする予定が、延ばされ延ばされました。これは、校長の指令によるもので、色々の都合があったとはいえ、「中学生の夕べ」のような全校的なものを、勝手に延ばさせるのは良くないことだと、憤慨しましたが、結局妥協して、高浜臨海学舎でキャンプ・ファイヤーの時にやることになりました。

## □「女神のおくりもの」(寸劇)

【出演者】

永尾康雄　米田弘毅　田中清子　飛田直子

【ものがたり】

道端に乞食が、腹ぺこぺこで坐っています。通り掛かった紳士に頼んでも、何にもくれません。その後で、通り掛った女は、金持の家から追い出されて来たばかりで、乞食があべこべに同情します。気の毒な人に同情する心を愛でた女神が、そこへ現れ、乞食の袋の中へ、一掴みの石を入れてやると、あ〜ら不思議、みんなそれが金貨に変わっているのです。乞食は一掴み、また一掴みと、入れてもらいます。もし一粒でもこぼしたら、金貨はまた元の石になるというのですが、乞食はますます欲を出して、女神がもういいと言うのに、なお要求します。女神が最後の一攫みを入れたとき、はちきれそうな袋が破れて、元の石に戻った金貨が、ざらざらとこぼれます。

欲のためにまた元の乞食に戻った乞食は、欲の恐ろしさを今さらのように感じるのです。


【評】

弘毅は、物腰など一流の乞食。ただ、発音がちょっと悪い。直子は、しっかりした発音だが、声が小さく、初めてやるため固くなった。清子、康雄は、難なし。

面白い、寸劇でありました。

## （二二）幻燈巡回

恒例の幻燈巡回です。今年は、井野が講習のために、参加しませんでしたが、新しいスライドを購入しました。
「フィレンツェの少年筆耕」（クオレ）＝小林伊津子　田中克代　飛田直子　笹倉
「黒馬物語」＝生田隆子　大久保和美　村上公子　笹倉
「シューベルトの生涯」＝大久保和美　笹倉
「臨海学舎」（天然色スライド）＝　村上公子　生田隆子　長井紘美

「太平洋戦争」＝笹倉
「ビルマの竪琴」（上・下）＝生田隆子　田中清子　吉田（五衛）　井野　松本　松山　宇野

各町では、それぞれ手伝ってくれましたが、塚口町は尚三、鹿野町は尚三・頼夫がやり、高島町は一司、また、堀町では一司が借りてきたスライドで新たに録音してやりました。

「キノコのきの助」＝小畑加寿子　小畑加代子　小谷一司
「白鳥の湖」＝大久保和美

## （二三）嵐

九月、一〇月は、修学旅行その他の行事のため、演劇部は何もしませんでした。ただ、一二月の文化祭を期して、静かに待機している時期でした。

旅行が終わり、これからという時、突如として、笹倉が学校を辞めて、東京へ行くことになりました。一年前から刻々に吹きつのっていた嵐が、ついに一本の大木を吹き倒したのです。

〈幕間のつぶやき〉

**笹倉先生は辞めずに踏み止まれなかったのか？** 当然このような疑問を抱く読者の方もあると思います。

東京移住後も、亡くなられるまでの何年間かに手紙一〇数通の遣り取りをし何回も面談していますが、二人の間でこの話題に及んだことは一度もありません。以下は、私の類推です。先生は、教師を一生続ける積りは（この時点・辞めた時点では）なく、なおも研究者として進む道にも捨てがたい魅力を抱いておられました。「上層部」のトップ・堀口校長に頼んで、西脇東中の先生になった経緯もあります。その校長の一存で辞めさせられるのではないこと、すなわち、もっと上（校外）からの強い力が働いていることは、百も承知でした。かのＧＨＱが行なった悪名高きレッド・パージの嵐は、一九五〇年（昭二五年）だけに日本のあちこちで吹き荒れたのではなく、その五年後にも、この草深い田舎町とも言える土地で、民主主義的な教育を心掛けた教師の上に、吹いたということになりましょうか。

このことについて、先生は、ノート「（一三）嵐」の章で、〈「歌をわれらに」「生あるものは答えよ」「あらしの前」などに示された演劇部の一つの方向に無関係ではなかった……〉と、さらりと述べられています。また、同じく「（一四）一つ一つの劇について」の「火星から帰った三人」の【評】で〈脚本は、まるでどこかの国そのままを表したような風刺劇です。この風刺が、どこまで表されたかは疑問でした。もっともあまりピンと来ない方が、よかったのかも知れません〉とも。この劇は、当時の参議院議員だった高良《こうら》とみ氏ら三人の実在事件をヒントにした社会風刺劇で、地方の古い頭の有力者にとっては、ピンと来るどころか、（劇中の舞台「デモナイ国」ではなく、我が日本国の地元の中学で演じられた）トンデモナイ劇だったのかも知れません。そのようなことで、かつてのレッド・パージのような一方的な首切り・解雇通告ではなく、詰め腹を切らされる、つまり自ら辞表を提出させるという形で、辞めるという結果になったのでしょう。

松本先生の万感を込めた歌が「狂乱の怒涛に須臾《しゅゆ》もゆるがざる防堤の如き君去りゆくか」でした。「稚魚」に、先生のこの歌が載ったのに、生徒の「真実を教えてくれた師《ひと》の居ぬ……」の歌が削除されたのは、不思議な現象だと思うのですが、その訳・理由は、未だに判りません。「狂乱の怒涛」と表現され、それに「防堤の如」く立ちはだかったことよりも、「真実を教え」た教師だったと詠われる方が、追いやった勢力の側は怖かった、ケシカランと考えたのでしょうか？　単なる目こぼし・チェック漏れなら、話は別ですが。

笹倉先生は、もし自分が徹底抗戦をした場合、勝っても負けても、両者の間で板挟みになって苦しむ同僚（彼らは地元で教師を続けて行く人たちです）や校長先生のこと（立場）を、あるいは教え子たちのことをも考えた上で、男らしい人間として、潔く身を引いたのです。憾《うら》みったらしい言葉一つ漏らすこともなしにです。

一方、校長先生の方も、「泣いて馬謖《ばしょく》を斬る」思いだったのでしょう。私は、そう思います、いや、そう信じて疑いません。なんてったって、比延駅頭での別れの歌「手をとりてはなさざる児よ悲しとはかつて言わざる汝にあらずや」と詠われた私ですもの――、今や（亡き先生と）握手が出来なくとも、また、一年先輩のFさんに「笹倉先生イコール小谷一司の印象が強かった」と持ち上げられてはなおのこと――、これぐらいが分からないで、どうしますか。

もちろん、この嵐は、演劇部に直接全面的に襲って来たのではありません。しかし、「歌をわれらに」「生あるものは答えよ」「あらしの前」などに示された演劇部の一つの方向に無関係ではなかったし、また、演劇部を生み育てて来た笹倉と、演劇部に主要な力を送り込んだ三年生に対する嵐は、前章、前々章に述べたとおり、演劇部の空気とその活動に影響を与えないでは置かなかったのです。しかも、文化祭を目前にして、この嵐は決定的な打撃を与えたのでした。

演劇部は、支柱を失いました。「文化祭を！」心ならずもしばらく活動を辞めていた者、また、盛り上がるエネルギーを、「こどもの日」の躓きで、抑えられていた者も、あるいは、新しく希望に燃えて入ってきた者も、すべての演劇部員がただ一つ願っていたのは、この文化祭での上演でした。その文化祭が、まさに、予定と準備の段階に、入ろうとした時に——

しばらくは、皆は、茫然自失の状態でした。

「第一に何と言っても文化祭でした。どれくらい期待していたか、先生には分かるはずです。私たちは、夢を見ていました。先生が辞めると言われた時、夢から覚めたような気がしました」

けれども、これまで二年半にわたって築き上げ、成長してきた力は、このために崩れ去るようなことはありませんでした。「しかし先生、先生が辞められたといって、潰れるような演劇部じゃありません。上手にやれないかも知れないが、力一杯やります」「力一杯 最後の演劇を上手にしたいと思います。『さすが笹倉先生の指導を受けた子たちだ』といわれるように」

こうして、悲しみの中から、彼らは、かつて燃え上がらせた火を、ふたたび燃え上がらせようと起ち上がるのでした。

## 【七】「貝の火」は燃えて（五五年一一月〜五六年一月）

| | |
|---|---|
| 五五年一一月 | レパートリー・予定（一六日） |
| 一二月 | 全員集合し、配役決定　練習に入る（二日） |
| | 組合総会で、文化祭の細案決定 |
| | クリスマス・新嘗感謝祭（二四日） |
| | 文化祭（二五日） |
| | 批評会（二六日） |
| 五六年　一月 | 視聴覚教育研究会（一六日） |

### （二四）

……（門脇注＝この小見出しは、原本が空白です。今、それを考えてみるのも、一興かも知れません。）

一一月一六日、一時帰って来た笹倉と井野によって、「山の神々」「最後の一葉」「貝の火」幻燈「青い鳥」ともう一つ何かやることを打ち合わせました。笹倉が書こうとしていた「愛の一家」「かがり火の歌」は、とうとう出来なかったのです。

望ましいいくつかの配役も予定されました。

「貝の火」を一司、「最後の一葉」「山の神々」「四辻のピッポ」を田中清子、村上公子によって、原紙を切り、下旬までには製本が完成しました。

一二月二日、全員集合して、配役決定。直ちに練習に入りました。

もう期日がありません。どうにでもしてやらなければ。井野も部員も、背水の陣を敷く思いでした。

一方、組合総会で、今度の文化祭は、クラスから一つずつと演劇部とで行なうことを決定し、各クラスも、それぞれ劇を選び、やることになりました。

笹倉（筆者）は、これ以降の模様を直接的には知らないため、演劇部日誌と、手紙によって、この間の事情を、書き留めることにしましょう。

**〈幕間のつぶやき〉**

**幻の脚本**　「かがり火の歌」とは、私たちが一年二組の時、クラスの歌「若竹の歌」を作ったように、二年時には、学年の歌「かがり火の歌」を作って活動していましたから、恐らく笹倉先生は、それをタイトルにして、種々のクラス・学年活動（二年半）を、劇化（またはバラエティ化）する積りだったのだと思います。完成しなかったのは、とても残念です。脚本だけでも、読んで見たかったです。この歌は、「若竹の歌」と同じく、五〇年経った今でも、私たちは、空《そら》で歌えます。（二つの歌の、歌詞は後出します）

## 【演劇部日誌】から――

一二月二日、全員集まって、配役を決定。それぞれ脚本を渡す。

「貝の火」「最後の一葉」「山の神々」「四辻のピッポ」（【配役】は、後出するので、省略）

三年生の石田、金田、配役に不満がありそうです。

一二月三日、「最後の一葉」「貝の火」「四辻のピッポ」読み合わせ。

五日、ハンド・ボール大会があったため、練習は取り止め。藤本佳代子、学校の劇に出る。

六日、「最後の一葉」「貝の火」「山の神々」「四辻のピッポ」読み合わせ。

「山の神々」出演者がはっきり分からず、ぐずぐずしてしまった。

藤本佳代子の役、村上公子に決めたが、三年生の女子で、不満がありそうである。

七日、「貝の火」「四辻のピッポ」「最後の一葉」「山の神々」読み合わせ。

八日、「貝の火」「最後の一葉」「四辻のピッポ」読み合わせ。

九日、「貝の火」「最後の一葉」読み合わせ。「四辻のピッポ」主役がいないため、出来ず。

一〇日、「最後の一葉」立ち稽古。「山の神々」配役が重なっているため、練習がし難そうである。

一一日、午前八時から、「貝の火」立ち稽古。

一二日、学期末考査。午後「最後の一葉」練習する積りで集まったが、皆の気分が乗らないので、途中で止めた。

## 【手紙】から——

―この間から、一二月の歌会の準備や学期末考査などで、演劇の方を、ほとんど見てやれなかったのですが、明日あたりから、本腰を入れて掛かろうと思っています。

今年も配役のことで、女の子の間に、ちょっとごたごたしたことがありましたが、今では大したことはありません。一司や清子、米田あたりが、張り切ってやってくれるので、大助かりです。（一〇日）―井野

―こんどの文化祭では、自分を投げ出しても、照明の方に力を入れようと決心しています。（一〇日）―頼夫

―先生、二九日まで、誰もクシュンとしていましたが、今はもうそうじゃありません。演劇も一生懸命していますよ。田中さんも、生田さんも、誰もかれも、一生懸命です。（一〇日）―和美

―なかなかうまく行きません。先生がおられたら、あんなこと直ぐにやってしまわれるのになあと思うことばかりです。だが今年も去年のように、張り切ってやるつもりです。（一一日）―尚三

―この頃は、劇「貝の火」にエネルギーを注げるように、なりました。

克代はよくやります。ともすれば、ベテランの我輩や大久保たちも、押されがちです。「あらしの前」では、ヤップと人間・一司が、同一人物の感じでやりよかったけど、「貝の火」の父兎はムズカシイ役です。大内も、狐でハリキッテいます。

演出も、他人のことならどうなりと分かるのですが、自分のことが分からんので、よけい勝手が悪く……。今一生懸命、父兎完成、「貝の火」完成、クリスマス完成を目標にガンバッテいます。去年のクリスマスに負けないように。(一四日)―一司

―劇は順調に進んでいます。でもごたごたしたことがあります。それは、美智子さんが、「端役」で一つか二つしか言えないので、しやへん(門脇注=やらない)と言われるのです。(一四日)―公子

―文化祭が目の前に迫っているのに、演劇部はなかなかノンキです。練習はやっていますが、……途中困ったことがありました。……でも、こんな小さな問題は解決出来ました。今日も練習をしましたが、あまり力が入っていないようです。……みんなどうせ先生が見てくれてやなかったらと、考えているようです。(一四日)―清子

―先生からの手紙を見るまでは、少しも気合が出ず、田中さんから「本当にもっとしっかりしなければあかん」と、言われたことがありました。でも先生の手紙を読んで安心して練習しています。先

生、心配しないでください。クリスマスに、先生がおられなくても、これだけやれるのだ、と言えるように一生懸命にします。演劇部に来ていた手紙のように、それぞれの持場をよく理解してやっていきたいと思っています。うわべだけでなく、人の心の底までしみ通るように、やってみたいと思っています。(一五日)—隆子

—文化祭も近づきました。明日(一二月一六日)から、午前中授業で、午後は文化祭の練習です。僕は、「貝の火」の狐と、「最後の一葉」の医者とその演出とを、受け持っています。演出は難しいですね。セリフの拙いと思ったところを、僕が「そこあかんで」と言って、やって見せるのですが、よけいに悪くなったりして、困ります。そんな場合元のとおりにして、笑われます。でも、どうにか軌道に乗ったようです。僕は、張り切っているのですよ。

昨年のような立派な文化祭が出来るように、井野先生と一司君を中心にして力一杯演劇部員は練習しています。(一五日)—信男

—今、演劇部はやって来るクリスマスに、打ち勝つように劇にせんねんしています。

しかし　やっぱり先生のおられないせいか、どこか張合いがありません。でも、どんなことがあっても、しっかりやり通します。先生の知っておられるように、私は今「貝の火」のおばあさんの役で出演しています。五分間ほど出て、一三ほど口を聞くくらいですが、それがものすごく難しいのです。ほんとに、は役ってのは難しいものですね。

今、小谷一司さんの演出でやっていますが、何度も何度もやり直しをされました。おじいさんのコーキさんと気が合わないものですから、自分の思うとおりにやれません。一昨日はとうとう泣いてしまいました。田中さんや大久保さんに励まされて、その晩はろくに眠らず、心の中で自分のセリフを一生懸命繰り返しました。それで昨日のけいこは、いつもより上手に出来たと思いましたが、まだまだ悪いところは山ほどあるはずなのに、一司さんは「やりなおし！」と言われませんでした。私がまた泣いてはいけないと、思われたのでしょうか。私は少し気ぬけがしたようで、一司さんに悪く思い、またこのぐらいのことで泣いた自分が、哀れにも思えました。今の私には、「やりなおし！」と一司さんの厳しい声が聞こえる方が、どれほど嬉しいか分かりません。……

先生、どうしたらよいでしょうか。こんな時先生が側におられたらと、何度思うか分かりません。毎日毎日一三のセリフとおばあさんの動作を、研究しています。ほんとには役の苦しさが、今はっきりと分かりました。

厳しい練習の中でするこの「貝の火」は、きっと立派な劇になると思います。どんなに難しくても、絶対に負けないで、立派な劇にして見せます。

田中さんと何時も先生のことを話し合っては、立派な劇を最後に残そうとやくそくしています。

（一五日）―輝子

―演劇のこと、いろいろ気を配ってくれてありがとう。やっぱり一人でやるとなると、何から何まで手落ちばかりです。そして手落ちであることが分かっていても、ちょっと手を加える余裕が生まれません。今年は学級でもやるので、ほとんどの先生がその方へ掛ってしまって、結局、演劇部の劇は、ボク一人ということになってしまった。
学期末でもあるし、成績の処理もしなければならないので、ちょっと弱っている。一司や清子が、しっかりやってくれるのが、何よりの頼りだ。
「山の神々」は練習に油が乗らず、セリフを覚えるのがなかなか出来そうになかったので、（演劇部員が昨年と同様二、三の劇に掛かっているので）簡単な劇に変えざるを得なくなった。
照明の方は、平田電器店に来てもらって、君が送ってくれた配線図を見て（頼夫に）教えてもらった。ほとんど、頼夫一人でやっている。
例のごとく予算が少ないので、大道具、小道具にも苦心している。今日も朝から吹込みに掛かってしまって、何も他のことが出来ないでいる。昼の休みにちょっと間が出来たので、この手紙を書いている。
プログラムも、まだ確定的なものはないが、学級（題と監督）と演劇部のものを挙げてみると、
三ノ一　「最後の授業」　井登
三ノ二　「窓を開けよう」　藤原
二ノ一　「杜子春」　神原　宇野
二ノ二　「あべこべ教室」　丸山　松山
一　全　「蜜蜂マーヤの旅」　松本
演劇部　「貝の火」（これは、練習がなかなか上手く行っている。演技も上手い）

「最後の一葉」（これもいい）
「四辻のピッポ」（ちょっと平凡）
「さよならロバート」（演劇部以外のもの〔一年〕が、大勢出ているし、やり始めてから間がないので、一番遅れている）
この他に、君の送ってくれたバラエティ、コーラス、舞踊を、入れる予定だ。幻燈「青い鳥」をやりたいのだが、時間が出てこない。前のものだけで、二時間ほど予定がオーバーしそうだ。（一九日）—井野

---

笹倉がいなくなった痛手は、大きかった。しかし、それにもかかわらず、いやそれなればこそ余計に、演劇部員は奮い立ち、

—心の底にまで、しみ通るように、やってみたいと思います。

—去年のクリスマスに負けないように。

—どんなに苦しくとも、絶対に負けないで、立派な劇にして見せます。

と、励まし合い、数々の困難を、自分たちの力で、乗り越えようとしたのでした。

多忙な井野を助けて、いやむしろ多忙な井野が助けてと言った方が、いいかも知れない。

彼らは、まなじりを決する勢いで、文化祭に、立ち向かったのでした。

学級も、それぞれ、主要メンバーを演劇部に送りながら、よく努力しました。

## （二五） 文化祭

昨年のように、二四日はクリスマスおよび新嘗感謝祭、二五日は文化祭として行ないました。

プログラム

（門脇注＝プログラムは、空欄になったままです。笹倉先生は、東京での執筆だったため、手元に資料がなく、他の空欄箇所と同様に、後で埋めようと考えておられたのだと思いますが、私たちの卒業までには書き上げたいという強い思いの中で、時間切れとなり、間に合わなかったものと思われます。）

## （二六） 各々の劇について

### □「さよならロバート」

【配役】

ロバート　坂本雅信　　煙突掃除の小僧　米田弘毅

その姉　岡田満子　　〃　〃　蛭田　守

ばあや　大久保和美　　〃　〃　西村栄子ほか

【ものがたり】

ロバートは、お金持の家の一人息子ですが、毎日家庭教師に引き摺られて、勉強させられたりする生活に、飽き飽きしていました。ある日ロバートの部屋へ、ロバートがいない間に、暖炉から真っ黒な顔をして、紛れ込んで来たのは、煙突掃除の小僧□□□でした。彼はロバートを驚かせましたが、やがて仲良しになり、ロバートの窮屈な生活を聞いて同情し、自分たちの仲間の所へ来るように誘いました。ロバートは翌日こっそりと家を抜け出します。□□□に連れられたロバートが行った所は、□□□の仲間・街中の煙突掃除の小僧が集まる喫茶店でした。彼らはロバートを見て怪しみましたが、□□□が訳を話したので、ロバートを仲間に入れ、「ガタガタ　ガッタン　こぞうのジョン」の歌を歌って、歓迎します。初めて、こんな明るい自由な雰囲気に浸ったロバートは、皆にせがまれて、子守り唄を歌いました。

小僧たちは、ロバートの子守り唄に、しばし、しんみりとします。元気に働く小僧たちも「お母さん」が懐かしいのです。

そこへ、キイキイ声を立てながら入って来たのは、姉とばあやでした。二人はロバートを見つけて、連れ帰ろうとします。そして、「ロバートをこんな所へ連れて来るのなら、もう家の煙突掃除は、させないよ」と怒りました。ところが、それに色をなした小僧たちは、「じゃあ、お前さんが煙突そうじをするのかい。俺たちがやらなきゃ、この街中では、誰が煙突を掃除するのだい。煙突掃除をするのは俺たちなのだ」と言います。姉たちに連れられて去るロバートを、みんなは声を揃えて、送るのでした。

「ロバート、さよなら、元気でやれよ」

【評】

強い内容を持つ社会劇であるのに、十分表されていなかった。演出と指導がなく、遅くから練習したのと、未熟練者が多いためだったろう。小僧たちも元気でよかったが、まとまりに欠け、劇全体の流れがなかった。

雅信は、はまり役だが、セリフも動作も低調すぎた。練習不足か？　基本的な発声が出来ていない。最後の場面は、やはり雅信の味を出し、ほろりとさせた。

弘毅は、一番よくやった。「女神のおくりもの」と同じようなボロ姿であるが、もう少し溌剌としていなくちゃいけない。よく動いたが、演出がなされていないため一人よがりであり、発声が悪い。

満子は、演技が固い。声の質や、普段の動作がそうなのだが、セリフに生命がなく、一人で喋っているようだ。

和美は、さすがに上手い。何もしないでいる時の、目のつけ所がいけない。付き合いに出た感じ。

栄子（西村）も、精一杯やっていたが、固い。小僧たち、練習不足と、セリフのやり取りがよくない。最後の蛭田のセリフは、よく効いた。格好は、みんなよく似合っていたが。

## □「四辻のピッポ」

【配役】

ピッポ　武部裕　易　者　生田英機

ビヤンカ　小畑加寿子　兎たち　金田順子ほか

シロニ　飛田直子

【ものがたり】

四辻の家にいて、旅人に道を教えるピッポは、足が悪く、（門脇注＝以下、原本のノート一頁分が、空欄になっています）

【評】

軽快なものであるが、本校の生徒には消化し切れないようであり、指導が不十分なため、散漫であった。一人一人が、観客や劇全体とも関係なしに、やっと暗記したセリフを喋っているに過ぎなかった。全体に聞き取り難い。

裕は、巧まない表情はいいが、セリフが早口で、生きていない。この役では、やり甲斐がなく、やり映えしなかった。

加寿子は、声が小さく、全然聞こえない。身のこなしや言い方はいいのだが、……放送劇向きであろう。

直子も、もっと才能を生かせる子。やはり指導が入っていない感じ。動作が固く、はっきりものを言いながら、発声が悪い。

英機は、この劇で一番よかった。よく声が聞こえ、全体の引締め役のようであった。まっとう過ぎて固い。大きな演技を必要とするときは、まだ無理である。

劇全体として、練習不十分で、消化されていない。脚本を選ぶのと演出は、どうしても大切なことだ。

## □「最後の一葉」

【配役】

| | | | |
|---|---|---|---|
| ジャネット | 生田隆子 | 友達マーサ | 小畑加代子 |
| 母 | 田中清子 | 〃　ローズ | 村上公子 |
| 画家ベールマン | 松場義行 | 〃　フィリップ | 山本敏博 |
| 医者 | 大内信男 | 〃　チャールズ | 坂本雅信 |

【ものがたり】

病気で長い間寝ているジャネットは、すっかり希望をなくして、窓の外に見える蔦の葉が一枚二枚と落ちるのを見ては、ああ、あの葉が全部落ちてしまったら自分は死ぬのだと決めてしまい、母や医者や友だちがどんなに励まそうとしても、聞き入れません。

画家ベールマンは、何時も展覧会に出品しては落選しているのだが、それでも失望しないと言ってジャネットを励ましています。

嵐の夜、残っていた何枚かの葉は、昼の内にあらかた落ちてしまって、もう一枚だけがやっとのことで残っています。この嵐で、この最後の一葉が落ちてしまったらと、ジャネットはもうすっかり諦めています。激しい嵐の夜が過ぎました。ジャネットは、葉が全部落ちてしまったのを確かめようと、窓を開けてもらうのです。ところが、あの最後の一葉は、あの嵐にも負けずに、しっかりと付いているではありませんか。

あの葉は、嵐にも落ちなかった。ジャネットの心に、ふたたび生きる希望が湧き上りました。

数日後、ジャネットは、もうすっかり元気を取り戻して、お母さんの編んでくれた赤いジャケツを着られるようになりました。そこへ来た友だちが、ジャネットの元気になったのを喜びながら、よく見ると、どうも変なのです。チャールズは、そっと出て行って、葉を確かめに行きました。嵐にも落ちないはずでした。あの最後の一葉は、描いた物だったのです。本物と全く同じように、誰が描いたのでしょう。

そこへ、やって来たのは、ベールマンでした。相変らず飄然としているベールマンに、すべてを悟ったジャネットが言いました。「ベールマン、ありがとう。私を救ってくれたのは、あなただったわ」

皆は明るく笑いながら、ジャネットを中心に、今度こそ入選しようと意気込むベールマンに、写生してもらうのでした。

【評】

少女期の心理には、よくあること。自分を絶望して、一人合点の悲劇を作り、その虜になるということ。彼女自身は深刻であるが、やはりこれは、客観的基礎を持たないセンチメンタリズムである。

このセンチメンタリズムを表現することも、大切なことだが、あくまでそれに溺れないよう、むしろ、批判的にやらねばならない。この劇でなら、嵐に負けない最後の一葉——それが絵に描かれた物なのに——によって、観念的な絶望を希望に変える少女のやはり健康と明るさと、それを何気なしに知らぬ顔でやって、少女の心理を上手く摑んで希望を与えるベールマンのヒューマニズムと愛情を何よりも強調すべきだ。

ジャネットの観念的な絶望に手を焼く母や何かと、それが、対照的に演出されなくてはいけない。だから、この劇の主役は、ベールマンであり友だちである。全体を明るい調子にして、その中に、ジャネットのセンチメンタリズムを対照的に入れるべきなのに、全体が、ジャネットに引き摺られて、暗いものになった。

客観性のない暗さ——センチメンタリズムに劇全体が溺れて、それを観客に押し付けては、受け付けられない。本当はこのセンチメンタリズムは、たわいないものなのだから。

ジャネットの一人舞台であって、助演がぐっと落ちたために、余計そうなったのだが、友だちがもっと明るくなくてはいけない。演出の問題である。そして、その雰囲気の中で、あまり登場しないベールマンを浮き出させるべきであったのに、ジャネットの気分に支配されてしまった。

隆子は、セリフは素晴らしく上手い。飛び抜け過ぎていたのが、かえっていけなかったのかも知れない。身体ごなしは、絶望し切っているジャネットとしては、元気過ぎた。隆子は、明るい役の方がいいのだ。ジャネットは、もっと調子を低くしてやらねばならない。一人で劇を支えようとしたような必死な気持はよく分かったが、一人で支えねばならなかったところに――かえってその努力が報いられなかったのだ。

清子は、母親らしい、細かい心遣いと愛情が表現されていなかった。やはりこういう母親は、大人がやるべきだろう。声も小さく、隆子を励まさねばならないのに、押された。相手が隆子では無理もないが。

義行は、飄々とした態度がよく現れている。ユーモアもあり、ことに最後の方、チャールズに褒められたところの表情が非常によい。他の者によって、浮かび出されなければならない役なのに、それがなかったために、十分な効果が出なかった。発声が不十分。声が上ずっている感じ。それに演技が軽すぎる。これも本物の大人のやる役か。

信男は、自身としてはいいのだが、やはりほんとの大人がやらないと、真実味がない。

友だち……四人（加代子、公子、敏博、雅信）がもっともっと明るく、はきはきと、強く劇をリードし、劇の気分を作って行かなければならないのに、声も小さく、動作も固く、動きが少なく、非常に低調だった。雅信の最後、チャールズが、ベールマンがやって来るのを知っていて、「手品をしましょう」というところ辺りが、生き生きしてよかった。あの調子が、初めから皆に出ていれば、もっといい劇になっただろうに。ジャネットの暗い気分を意味付け、ベールマンを浮き立たせ、ぴちぴちしたものを作り出すのが、友だちの役目だったのだ。

このような劇は、大人の役は大人がやった方がいいようだ。要するに、ジャネットが際立ち過ぎて、劇のやり方が、逆になってしまったのだ。演出方法と練習不足のためであろうか。隆子の好演、義行、雅信などの部分的な好演が、生きなかったのは惜しまれる。

### □「貝の火」（　幕）原作 宮沢賢治　脚色 岡田　陽

【配役】

| | | | |
|---|---|---|---|
| ホモイ | 田中克代 | モグラ | 片岡栄 |
| 父ウサギ | 小谷一司 | サル | 永尾康雄 |
| 母ウサギ | 大久保和美 | 母ヒバリ | 吉田清子 |
| キツネ | 大内信男 | 子ヒバリ | 藤本峯子 |
| じいさん野ウマ | 米田弘毅 | 小リスたち | 小林伊津子　藤本由紀子ほか |
| ばあさん野ウマ | 山本輝子 | 動物たち（声） | 生田隆子・小林津子 |
| 野ネズミ | 森脇文雄 | 歌 | 〃 |

照　明　　　　生田頼夫・藤本尚三
音響・その他　山本卓二　松場義行　宮下紘一郎　米田弘毅
演　出　　　　小谷一司　（井野）

【ものがたり】

お母さんは夕食の準備をしているし、お父さんは新聞を読んでいます。新聞の記事はネズミのことばっかりです。もう夕方になるのに、ホモイは帰って来ません。薄暗くなり始めると、そろそろお父さんもお母さんも心配になって来ました。

そこへ、ずぶ濡れになって、ホモイが元気なく、帰って来ました。訳を聞くどころか、お父さんもお母さんもびっくりして、介抱します。「お父さん、タオル持ってきてください」「お父さん、毛布」「お父さん……」　お母さんの言い付けで、お父さんはうろうろしました。

やっと、「お母さん、もうホモイと話していいかい？」と言って、お父さんがホモイに聞いたところによると、ホモイは川に落ちて溺れかけたヒバリの子を、飛び込んで助けてやったのでした。自分も水をのみながら、やっと、差し上げて助けてやりました。「でも、ヒバリの子って、こわい顔をしているね」　びしょぬれになったヒバリの子の顔を思い出すと、ホモイはぞっとしました。そして、それと同時に、頭ががんがん痛くなりました。お母さんに抱かれて、ホモイは眠ってしまいました。

「お母さん、お母さん」と、お母さんばかりに甘えるホモイは、お父さんにとっては、ちょっと不服です。しかし、「ホモイはわたしを頼り、わたしはお父さんに頼っているのです。だから、ホモイもわたしもお父さんを頼りにしているのですわ」と言うお母さんの言葉に「上手いことというね」と言いながら、お父さんは悪い気はしませんでした。

ホモイが一人で眠っているところへ「ホモイさま、ホモイさま」と呼ぶ声がします。目を覚ますと、ヒバリの親子が来ているのです。ヒバリの手には、赤や青の美しい火が燃えている貝の火が捧げられていました。「見せてもらうだけでいいのです。いただかなくていいのです」と遠慮するホモイに、鷲の大王の命令だからと無理やり貝の火を渡して、ヒバリ親子は帰りました。

ホモイの声に出てきたお父さんは、びっくりしました。この貝は、お話で聞いたことのある、素晴らしい物なのです。「この火を消さずに、一生持ち通すことは、大変難しいことなのだ。ホモイ、しっかりするのだよ」しかし、ホモイは「ええ」と答えながらも、嬉しくてたまりません。「おーい、貝の火が、ぼくのところへ来たのだぞー。ぼくはケモノの大将なのだぞう」と大声に叫ぶのでした。

お父さんには、ホモイが身に余る名誉を受けたことを、ホモイのように無邪気に喜ぶ気持は、起こりませんでした。不安が胸一杯に広がってくるのでした。

カン　カン　カエコ　カンコ　カンコ　カン

スズランの美しい鐘の音が響きます。爽やかな朝です。

ホモイは、夕べヒバリからもらった貝の火を見ました。珠の中に、ちらちらと火が燃えて、何とも言えない美しさです。ホモイとお父さんは、明るい朝の空気を吸いながら、体操をしました。それが済むと、二人で手分けをして、庭のお掃除です。

ホモイが、掃除をしていると、そこへやって来たのは、小リスたちでした。「お掃除がすんだら、遊ぼうね」、ホモイが言いました。ところが、昨日まで一緒に遊んだ小リスたちがどうしたのか、ホモイの顔を見ると、ぎくっとして立止まり、こそこそと逃げ出して行くのです。「どうしたのだろうなあ」、ホモイは何だか淋しくなりました。

そこへ、野ウマのじいさんとばあさんがやって来ました。二人は、ホモイを見ると、「お眼にかかれてよかった」と、涙を流して喜ぶのです。風呂敷みたいな大きなハンカチで、涙を拭きながら帰って行く二人を見送って、ホモイは何だか変な気持でした。

さっきの小リスといい、野ウマといい、どうして、自分をあんなに怖れ、敬うようになったのだろう、ぼくは、昨日までとちっとも変わらない、ホモイなのになあ。しかし、ホモイは、皆にこうして敬われると、何だか自分がほんとに偉い人になったような気がして来るのでした。ぼくはケモノの大将になったのだ。といまさらのように、思うのでした。

そこへ、キツネが通り掛りました。キツネはホモイを見ると、こそこそと隠れようとしました。それをみつけて、ホモイは「おい、キツネ。ぼくはケモノの大将になったのだぞ。お前もぼくの言い付けに従って、もう悪いことをしちゃいかんぞ」と言うと、あの乱暴者のキツネが畏まって、「ヘイ。どうか、何か用がありましたら、お言い付けください」と言うのです。ホモイはすっかりいい気になってしまいました。

ホモイは、得意になりました。ボクはケモノの大将なのだ。ケモノの大将だったら、お掃除や、お母さんに言い付けられたスズランなんか採りに行かなくったっていいじゃないか。ホモイは、小リスにスズランの実を採って来てくれるように、言い付けました。偉い大将に用を言い付けられて、小リスは大喜びでスズランの実を採って来てくれました。

しかし、それを見たお父さんは顔をしかめて、ホモイが我がままになるのをたしなめました。ホモイは、お父さんの言うことが少し不満になりました。それに、小リスが採ってきたスズランはたくさんあって、乾かすのが大変です。

そこへ、土をもぐもぐさせて、モグラが通り掛りました。ホモイはモグラにスズランを乾かしに行くように、言い付けました。しかし、モグラは、陽の当たる所へ出られないのです。泣いて頼むモグラに、ホモイはかんかんに怒って怒鳴り付けました。モグラは、気がちがったようになって、悲しみながら帰って行きました。

ホモイは、婚礼に行くのに通り掛った野ネズミや、葬式に急いでいるサルに、スズランを乾かすように言い付けました。野ネズミやサルは時間に遅れるのですが、ホモイが無理やり言い付けるので仕方がありません。

ホモイは、やって来たキツネにも、スズランを乾かすように言いましたが、キツネは「そんなものうっちゃって、このダアイドコロという木になるコッペという実を食べてごらんなさい」と盗んできたパンを出しました。食べてみると、美味しいのです。ホモイは、もっと持って来るように、それから、モグラをやっつけるように、キツネに言い付けました。キツネは、それをやる代わりにニワトリを捕るのを止めないよう頼みました。そこへ、お父さんが現れたので、キツネは、慌てて逃げ出しました。

お父さんは、ホモイがモグラを虐めたことや、自分の仕事を他の動物にさせたりすることを、ホモイに叱りました。それに、ホモイが持っているのは、盗んで来たパンではありませんか。お父さんは、パンを叩き付けました。「もう駄目だ。貝の火は曇ってしまっているに違いない」。ホモイは、あわてて貝の火を取り出して見ました。火は、前よりも、一層妖しく美しく燃えていました。お父さんもホモイも、ほっとしました。

夕方の鐘が響いてきました。

カン　カン　カエコ　カンコ　カンコ　カン

翌朝、キツネがホモイのところへ、角パンを三つ届けて来ました。ホモイはそれをそっと台所へ置くと、キツネにもうモグラを虐めないように言いました。キツネは、ホモイに動物園をして遊ぼうと誘うのです。

ホモイが行ったあと、お父さんとお母さんは、ホモイがキツネなんかと遊ぶのを心配しました。何か悪いことをしているのじゃないかと。

動物園とは、キツネが動物園ごっこだといって動物たちを捕まえて檻に入れるのです。キツネは、これを後で食べようと考えていたのでした。ホモイを見て、捕まえられていた動物たちは一斉に助けを求めました。ところがキツネは、「やい、ホモイ。ちょっとでも手をつけてみろ」と歯をむき出して脅かすのです。

ホモイは、恐ろしさに、震え上がりました。

お父さんとお母さんは、ゴハンを食べようとしています。お父さんはスズランだけじゃどうも不足です。キツネの盗んできたパンを食べているところへ、ホモイが帰って来ました。ホモイの耳には、

「助けて、ホモイさま、助けて！」と叫ぶ動物たちの悲しい声と、「やい、ちょっとでも、手を触れてみろ」と凄むキツネの声が、まだ響いています。

ホモイの様子にお父さんは、「ホモイ、何か悪いことしたのじゃないか」と聞きました。

ホモイが、貝の火を見ると、どうでしょう。気のせいか、珠の一部にぽっちりと光らないところが出来ているではありませんか。ホモイは、ベニスズメの毛で擦ってみましたが取れません。お父さんは、油に漬けとくといい、と言いました。ホモイは、珠を油に漬けました。

ホモイの耳には、「助けて、助けて」という声が、聞こえるようです。ホモイは、そっと起きて、貝の火を見ました。火はすっかり消えています。鉛のように、ただの石になってしまっているではありませんか。ホモイは、わっと泣き出しました。お父さんとお母さんに、ホモイは、キツネのやったこと、自分はキツネに脅かされて止めなかったことを話しました。

お父さんは、「ホモイ、お前は、どんなことがあってもキツネと闘うのだ」と言います。

キツネと闘う――恐ろしいことです。しかし、ホモイは決心しました。もう死んだっていい、力の限り、キツネと闘おう。珠をもったホモイとお父さんが、飛び出そうとした時、キツネが憎々しい声で現れました。「わざわざ、来てもらうには及ばないぜ。オイ、ホモイ、貴様が悪いのじゃないか。オレは、その珠が欲しいのだ。貝の火が欲しいのだ」

飛びかかるキツネは、お父さんを組み敷きました。お父さんは「ホモイ、貝の火を持って、早く、動物たちを救いに行け！」と叫びました。

キツネは、貝の火を奪おうと、跳びかかります。そのとたん……、貝の火は、パチパチと弾けました。それに打たれたキツネは、ワッと言って倒れてしまいました。一たん、粉々に砕けた貝の火は、ふたたび、カチカチと、元どおりになると、美しく妖しく輝きながら、飛び去りました。泣き伏しているホモイを、お父さんは、励まして、言いました。

泣くのじゃない、ホモイ。
お前は、これで、本当のことを、知ったのだ。
これからが、本当の、お前の生活になるのだ

【評】

素晴らしい出来でした。

ほとんど自分たちの力で創り上げたものとして、この劇は色々な角度から分析して考えてみる価値があります。

①脚本 ②演出 ③演技 ④効果 ⑤アンサンブル ⑥その他のことについて、他の劇、とくに去年の「あらしの前」との比較も加えながら、考えて行きましょう。

**① 脚本について**

まず、これは、宮沢賢治の原作について、考えてみる必要があります。

賢治は色々な童話を書きました。「貝の火」の他「風の又三郎」「オッペルと象」「バナナン大将」など。これらを通じて言えるのは、賢治が素朴な眼でもって、人間および社会を見つめ、自然なありのままの、生き生きした人間を描いていることです。

「貝の火」を見ましょう。

溺れるヒバリを救ったホモイは、決してそれが素晴らしくいいことをした、なんて思ってやったのではありません。つい、可哀いそうになったのです。ところが思いがけず、貝の火をもらって、大きな名誉を受けると、いい気になってわがままをし出します。そして、キツネの脅かしと巧みな餌に吊られて、良心に責められながら、悪に反抗できず引き摺られて、とんでもないことを仕出かすのです。しかし、それに気付いて、闘おうとしたときは、もう遅かったのでした。

お父さんは、いつもホモイに正しい道を教えようとしていますが、ホモイがお母さんばかりに甘えていると、淋しくなったり、お母さんに煽《おだ》てられると、いい気になったり、また、お腹が空いてご馳走がないと、キツネの盗んだパンでも、食べてもいいだろうってな気を起こします。でも、土壇場には、生命を掛けても闘うことを教える正義漢です。

お母さんは、優しくて、家の実権を持っていて、しかも、お父さんほど理論家じゃありませんが、ホモイを愛しています。この一家は、平凡で善良な、どこにでもある愛情に満ちた家です。

馬鹿正直で、弱くて、いつも虐げられているモグラ。偉い人だというので、涙を流して喜ぶ善男善女の野ウマ。反抗できないで、ごまかしたいけど、どうにもならない野ネズミ。野ネズミよりは、少し小ずるいサル。偉い人の命令なら、感激してやる無邪気な小リス。権力者に上手く取り入り、脅したり、餌で釣ったりしながら、権力を楯に自分の利益を計るキツネ。

こう書くと、類型化されているみたいですが、それぞれが自然で、ユーモラスで、弱いところ強いところが、無理じゃなくあって、善良です。キツネでさえ、本当に憎々しくはありません。そして、

劇「貝の火」スチール

兎一家の食事の場面

子リスたちがスズランを持ってきた場面

登場した動物たちの舞台姿

このような人間を通して、社会の姿を描き、社会の中の悪を憎み、正しさを求めようとしています。貝の火が破裂して目が見えなくなるホモイ（原作）も、それで破滅でなく、これでこそ本当のことが分かったのだという希望があります。

賢治が、人間を愛し、素朴さを愛し、人間を信じる、ヒューマニズムが流れています。そして、全体を、美しい詩情の中に包んでいます。この賢治のヒューマニズムは、暖かく人の心を包みます。

ただしかし、賢治の文学には限界があることを、忘れてはなりません。そのよさを認めると共に、その限界を知っておかなくてはならないのです。

それは、賢治が社会悪への批判を、童話の形でしか表せなかった、というところに通じています。賢治は感覚的に、社会悪を捉えています。そしてそれが、徹底的な厳しさをもって批判されていません。現実の矛盾をもっと根底からえぐり出し、それに仮借なしに闘う理論も力も、賢治は知らなかったのです。

本当に賢治が求める、ヒューマニズムに満ちた世の中を作るには、賢治のところでとどまっていては駄目なのです。この限界は賢治にとっては、止むを得ないことでありました。生《なま》の現実の姿を捉えて、悪に迫って行くことは、この時代には、生命を失うことだったのです。

「オッペルと象」のように、賢治は、そのような抵抗と変革の意慾を感じてはいました。しかし、自ら、鎖を絶ち切り、民衆を起たせ、その先頭に立って行くには、当時の日本では、悪の力はあまりに大きく、それへの反抗の力は弱かったのです。賢治のヒューマニズムが、ささやかなレジスタンスに終わり、「アメニモマケズ」のように、クニモサレズ　デクノボウトヨバレ……という一種の諦めに、ならざるを得なかったのです。

必ずしも、童話の形が、烈しい抵抗を誤魔化すものとは言えません。アンデルセンなどは、童話にしたために、ますます強く印象的になっていますが、賢治の場合は、多少逃避的に使われているように思えます。

これは、賢治の値打ちやヒューマニズムを、割引するものではありません。あの時代に、よくもこれだけのヒューマニズムを、打ち立てたことに、むしろ、敬意を持たねばなりません。

脚色されたものは、原作のヒューマニズム、素朴な人間の姿をよく表していました。しかし、詩情が失われ、逆に、キツネが本当の悪役になり、賢治よりも、もっと強い線が出ていたようです。劇的な盛り上がりを作ろうとすると、こうなるのでしょう。しかし、何と言っても、原作の味は滲み出します。この脚本のヒューマニズムが、劇「貝の火」を成功させた一因です。無性格や類型化されたオトギバナシじゃなかったからこそ、魂を込め、全身を打ち込んでやることが出来たのです。

また、素朴な人間の自然な姿が、中学生にぴったりしたとも言えましょう。

「あらしの前」は、生々しい現実そのものでした。だから、その感動は、直接的であり、生の厳しいものでした。共感するか、反撥するか、妥協を許さないものでした。その中へ、自体を掛けて飛び込むか、それとも、怖れるか、憎むかという厳しさがありました。

「貝の火」は、現実をベールで包んであります。感動は、間接的であり、余裕がありました。ほのぼのとした、美しさを愛するというものでした。

「歌をわれらに」「生あるものは答えよ」「あらしの前」「最後の授業」というような同じ系統の物が

多い中に、「貝の火」のようなものは、初めての試みでありました。「思うようにならない劇」（門脇注＝私たちが一年生の時に、学芸会の最後にやったクラスの劇のことで、ミツバチの物語・童話で、これについては、前述しました。）が、単純ではあるが、強いて言えば、同類のものと言えましょう。

「最後の一葉」も、一応少女の心理を取り扱いながら、やはり、現実に共感するところが少なかったのではないでしょうか。感動に、現実的な共感がなければ、やり難いし、魂が十分込められないと言えましょう。また、童話であったことが幸いしたのは、大人役も無理なく行なえた点でした。「あらしの前」のように、自分自身を表すものは、かえってやり難い点があります。

## ② 演　出

一司の演出は、非常にリアルにやられました。そこで、原作よりも、現実的になり、強いヒューマニズムが表されました。

一司は、必ずしも意識して、そうやった訳じゃないのですが、一司の性格や考えが、「貝の火」の最もリアルな部分と触れ合って、自然に滲み出たのだと言えましょう。

動物たちの童話でなしに、やはり現実的な人間の姿であり、正しさを求め悪と闘うというところが、強く表されていました。それだけに、やや重くなった感じがします。

強い演出の力で、全体が統一され、一本の流れがあったことは、素晴らしいことです。演出が必要であること、演出者の考え（イデオロギー）や性格が、劇の性格を左右することがよく分かりました。これは、「杜子春」の演出と比べて見れば、はっきりします。「杜子春」も「貝の火」と同じようなものなのですが、その演出が、非常に表面的な動きだけで、内面的に深いところまで求めようとしなかったために、全然感じの違うショウ的なものになりました。

「あらしの前」の演出も、原作よりも、はるかに生で烈しいものでしたが、「貝の火」にもそういうところが見られます。

この劇の成功は、演出に負うところが大きいようです。各演技者の演技を、あれだけ伸ばした指導力や、劇全体に貫く流れを作ったことは、生徒の演出として考えられないほど、優れたものでした。部分的には、演出の混乱と不足がありましたが、全体を害うものではありませんでした。

演出者には、物を見る力、考える力と、指導・統制する力が必要であり、また、演技者が未熟な時は、技術的な指導力がなくてはなりません。また、演出者のイデオロギーが大きく劇を左右することをよく考えなくてはなりません。

## ③ 演　技

優れた演技者が多かったことが、この劇をいいものにしました。克代を初めとして多くの演技が、今までの演劇部の最高の演技を示しました。そしてそれが、演出とぴったり合うものだったことです。「あらしの前」では、どの演技者にもむらがなく、全部が同じような水準でしたが、「貝の火」ではむらがありました。演技者によって演技に差があったのです。しかし、優れた方の演技では、「あらしの前」よりも一層の進歩がありました。

もちろん一人一人の才能もありますが、演出と演技者との努力が注がれたところに、大きな演技の進歩があることを、認めなければなりません。克代、輝子などに、それが顕著に現れました。

ホモイの克代は、まったく素晴らしいものでした。発声がよく、発音がはっきりしており、セリフと動きがぴったりし、きびきびした明るい気持よい演技でした。物怖じしない、伸び伸びとした演技でした。表情もよく、感情が身体全体で表されていました。これまでの演劇部の最高の演技と言えましょう。練習中、脚本に真っ黒になるほど書きこみ、注意された後は、演出が望んだより以上のことをやったといいます。才能は元よりのことですが、この研究と努力こそがこの演技を生み出したのでしょう。

これは、克代だけの演技を良くしただけではなく、この劇の他の演技者へ大きな影響を与えたことでしょう。演出の励ましにもなったでしょう。ほとんど初めから終いまで、克代の演技には、魅せられ思わず唸るような素晴らしさでした。

感情の強いところが、とくにいいようです。眼がきらきらと輝きます。「貝の火」をもらって叫ぶところ、モグラに地だんだ踏んで怒るところ、泣くところ。それに比べて、何でもないところは、ちょっとぎこちないようです。ものを言わない時に、ふっとうつむいたり、坐っている時、きちんと坐っているだけだったり。何にもしない時の気分——これは演出が行き届かなかったのでしょうが——が、少し落ちました。

父ウサギの一司と母ウサギの和美は、さすがベテランです。落ち着き払って、隅々まで行き届いた、充実した演技でした。ホモイへの愛情がよく表れていました。克代の不足を補い、カバーし、そして、ホモイを浮き上がらせる好助演でした。

父、母、二人の呼吸も、よく合っていました。ホモイが帰ってきて介抱するところの、二人のやり取りは、憎らしいほどぴったりして、面白く出来ました。

父とホモイの二人の場も、よく合っていました。愛情あふれて。母とホモイの二人の場は、愛情が足りなかったようです。ちょっと、このお母さん、冷静でした。もっとわが子べったり、舐めるような愛情がほしい。

幕明きの父ウサギが新聞を読んでいるところは、もっとユーモラスにしなければいけなかった。調子が低かったようです。一同は全体に重い気分があり、もっと軽くやった方がよかったでしょう。

和美の何もしない時の演技は、至芸です。エプロンの下で、手をもぞもぞさせながら出てくるところなど、心憎い好演で、こんな時の演技は右に出る者がありません。

キツネの信男も、ベテランぶりを発揮しました。普通のところは、ややぎこちなく、ホモイとの対話のところなど、押され気味でしたが、「ヤイッ」とか何とか言って、凄むところなどは本領発揮。舞台一杯に見えるような、迫力があります。ボリュームがあって、力が漲ります。信男のキツネは、小ずるい暗さがなく、憎々しさといっても、陰険さがありません。小ずるいホモイとの駆け引きのところで、もう一つ溌剌としないのは、そういう点でしょう。これは信男の性格からも当然のことで、いいことです。そして、彼が張り切り出すところでは、他の出演者が小さくなってしまうような強さが取柄です。

野ウマのおじいさんの弘毅と、おばあさんの輝子。この二人が出て来るところでは、二人の呼吸がぴったり合い、実に上手い場面で、思わず観客から、ワアッと拍手が沸き起こりました。輝子は、泣きながら練習し、おばあさんの動作をじっと観察したというような、苦しみと研究の中からこんな素晴らしい演技が、生まれて来たのでした。まさに、助演中、白眉の名演技と言えましょう。去年、セリフが不明瞭で、もぞもぞしていた輝子が、役柄もよかったとはいえ、よくもこれだけやったと思います。弘毅も、輝子が目立ち過ぎたために、その陰に隠れたように感じられますが、よく呼吸が合い、二人一体の名演技だったと言えましょう。猛練習の賜物ということが、実によく出た場面でした。

ヒバリの親子、主に親の清子（吉田）。暗い場面で長いセリフだけが続くのですが、清子は以前の速過ぎるところが全くなく、やや平板な調子ではありましたが、綺麗な声で、よくやりました。

サルの康雄、一応さらりとやりましたが、さらりとし過ぎていて、去年の「火星から帰った三人」ほどには映えませんでした。

信男、弘毅、康雄など、演出の一司が、遠慮もあり、遣り難いところ、分からないことがあったようで、女の子に比べて、演出が、十分入っていない感じがします。

野ネズミの文雄、モグラの栄は、もう一つ舞台馴れがしていないのと、ホモイほど力を入れていないため、平凡でした。止むを得なかったかも知れませんが、しかし、精一杯やっていて、劇の質を落とすものではありませんでした。

小リスは、小学校の学芸会みたいでした。一生懸命でしたが、まだ、演技の域ではなく、幼く、ぎこちなかった。明るいことは明るかったが……。

適材適所の配役であり、助演陣の好演が主演を助け、盛り上げるようになされ、劇に変化があり、生き生きしていました。要点がしっかり押さえてあるため、部分的な欠陥は目立ちませんでした。

### ④ 効果など

照明は、設備が十分じゃなく、二五日はスポット・ライトの電源が切れたために、惜しいことでしたが、よく場の雰囲気を出していました。舞台装置も、狭い所をよく利用してよい舞台が出来ていました。しかし、舞台の狭いのは惜しまれます。ことに、戸外がもっと広々していたら、よかったでしょうが、これはいかんともしようがありません。

貝の火は、美しく出来ていました。欲を言えば、色にもっと変化があり、とくに、最初真っ暗な中をヒバリが持って来るところなどアッと驚くような美しさがあれば、もっとよかったでしょう。貝の火が主役なのですから、思い切ってお金を掛けて、貝の火が出てきたところでは、観客もうっとりするほどの、妖しい美しさがあればと思います。

二五日に、貝の火の飛んで行く場面に、もたもたしてしまったのは、少し惜しい。

衣装は、ホモイ、父・母ウサギやキツネのがよく出来ていましたが、他の動物のは粗雑で、特色が現れていませんでした。モグラが出てくる場面も、毛布を使ってやる予定だったそうですが、出来なかったとかで、一工夫欲しいところでした。

音響効果、歌や、キツネに捕らえられた動物たちの声は、テープ・レコーダーに録音されていて、とてもよく出来ていました。カン　カン　カエコ　カンの鈴の音が、美しく、ロマンチックに出せたら、よかったでしょうが……。装置、照明、道具、衣装などに頼るのは、もちろんいけないし、何よりも演技が大切なことは言うまでもありませんが、本当は、これらも、もっと厳密に、お添え物としてではなしに、重要視しなければなりません。これらも、演技者と同じように、「演技」をするのですから。これは、本校演劇部のアナ（穴）です。これからは、もっとこの方面に力を入れなければなりません。

「杜子春」は、少しそれに頼り過ぎた傾向はありますが、装置、衣装、その他が、非常に凝って作られていました。

### ⑤ 劇のアンサンブル

演出の統率の下に、演技者がホモイを中心として、統一されたものを創り上げたことは、今までにも述べましたが、これは、何よりも愛情による、そして、「いい劇を作らなければ」という決意による結びつきがあったからです。演技者ばかりでは、ありません。照明、効果、裏方が、心を込めて協力し合ったということが、はっきりと感じられました。

気分が、ばらばらで離れていては、どんないい脚本でも、どんな優れた演技者でも、どんな美しい効果をやっても、劇の生命は通じません。多くの人々の意志と意欲と感情とが、ぐっと寄り合ったことが、演技の上手下手を乗り越えて、劇に生命を与え、観客に訴えます。

たとえ、下手であっても、これこそが大切なのです。去年の文化祭「あらしの前」を初めとして、各劇に示された、この全ての集団的な気持は、本校演劇部――否、それ以外にまでも、漲っているものなのです。これこそが誇りなのです。その気分、この「貝の火」に、出演者、裏方を含めて、いや、それ以外の者まで含めて、集中されたからこそ、この劇のアンサンブルが出来、劇が素晴らしいものになったのです。

つまり、効果や照明をやる頼夫、尚三、紘一郎、卓二、義行など、手伝いという気持は、微塵もありませんでした。自分も、また、劇の中に生命を掛けているというような気持でした。練習中、励まし合ったり、力付け合ったりしたことは、無数にありましょう。

それも、この劇に出ない勅子や清子などによっても、なされたということです。――田中さんや大久保さんに励まされて――という輝子の手紙の一節にも、滲み出ています。

総ての者の集団的な努力こそが、大切なのです。

## ⑥ その他

「貝の火」を創り上げた陰に、今までの長い間の演劇部の努力があることは、忘れられてはなりません。

〈幕間のつぶやき〉

**貝の火の作り方**　貝の火をどのようにして作ったか？　平べったい直径十数チセンドメイの空き缶の中に電池を入れ、懐中電灯用の豆電球と缶内の電池とを針金で繋いで、ブリキでスイッチを工夫して作り、テープで留めます。赤ちゃんのオモチャ（倒すとカランコロンと音のするセルロイド製の人形［ローリーポーリー］。今はプラスチック製）の壊れたのを拾い見つけて来て、後頭部の赤い半円球を切取ります。それを、缶の上側に装着して、貝の火が出来上がりました。徐々に明るくなったり、暗くなったりする場面では、スイッチをON・OFFにして、チカチカさせるのが精一杯でした。中学生の思い付きの工作は、極めて安上がりではありました。豆電球と電池代のみでした。

また、毛布の話は初耳です。なぜ出来なかったかが分らず残念です。毛布を舞台に持ち込めば済むことで、井野先生からの一言があったら簡単なことだったと思います。

一司の演出の才能も、信男、和美を初め多くの演技も、克代の演技をあれだけ伸ばす元になったのも、効果や照明やその他の技術も、魂を打ち込む気持も、助け合い、各々の持場によって劇を盛り上げようとする努力も、これまでの長い期間に作り上げられたものでした。一朝にして作り上げられたものではなく、今までの全ての汗と力が、この裏に秘められています。今までに成功しなかった多くの試み、報いられなかった人々の努力、無駄に切ったプリント。これらの汗と、時には涙が、あるいは、やり場のない悩みと苦しみが、何らかの形でこの劇のどこかに、現れていないものはないのです。

美しいものを見つけ、優れたものを作ろうとする気持と技術は、一昨年のクリスマス——否、その前の幻燈から、はぐくまれ、育ってきました。陰の力になろうとすることは、一昨年の藤井勲から始まり、その後絶えず、原紙切りに、装置作りに、照明に、その他に、積まれ育てられて来ました。心を合わせてということは、とくに去年の文化祭を機に、強く大きくなりました。自主的にやろうとすることもです。

今年の二〜七月の苦しい時期から、それらは、この文化祭を頼りにしていました。

克代の基礎的な発音や、また研究なども、六月頃の一時期に演劇部の厳しさを感じ取る中で、芽生えたところもあるでしょう。精神的、技術的な、色々のものが、直接間接に、これまでの長い努力に支えられています。

また、演劇部だけでなく、これに影響し、これを支えた、多くの学校の活動——とくに三年生のクラス活動や多くの好意ある人々の力も、見逃すことは出来ません。

それら総ての上に、「貝の火」が創られたのです。

こうして、貝の火は美しく燃えました。
劇「貝の火」は 演劇部の代表作品として、
そしてまた、三年生の最後の劇としての
価値を、十分に発揮しました。

この劇については、二二二頁に、一司が東中新聞に載せた感想を加えて置きます。これに今まで述べたことが、見事に、表現されています。

---

(書き忘れていたこと) 複雑な心理描写がないことは、やり易い点でした。

## (二七) クラスの劇について

□「蜜蜂マーヤの旅」(原作 ボンゼルス 脚色 ……) 一年生 一・二組合同

この劇は、内容が難しいのです。消化し切れないセリフも多く、むしろ、大人向きの内容です。演技も、全般に固く、幼稚でした。三年生が一年生の時にやった「思うようにならない劇」の方が、同じ蜜蜂を取り扱いながら、単純で、分かり易く、従って、やり易く、面白かったでしょう。

ただ、装置がよく出来ていたのと、クラス活動の一つとして、普段成績のよい者が演出や陰の力になり、成績のあまりよくない、活躍しない生徒を出来るだけ出演させようとしたことに、意義があります。

□「あべこべ教室」　二年二組

面白い内容を、普段の教室生活の中で劇にしてあるものなのですが、その面白さが、十分表されていませんでした。要点がはっきりしないので、ただ喋っているに過ぎないような感じがしました。三幕の舞台装置、一枚の紙をバックに張り付けただけなのですが、簡単で、しかも長い廊下の感じをよく表していました。

井上みさいの声がよかったことが、印象に残っています。

□「杜子春」（原作　芥川龍之介　脚色　……）　二年一組

非常に変わった演出が採られており、神原氏（先生）の演出の線が徹底して貫かれていたのは、興味があります。

まず、初めの幕明き、派手な綺麗な装置が眼を惹く。中国人の衣装ベンパツの通行人がぞろぞろと現れる。歌うたい、子ども、金魚売り、それぞれ特色のある人々が、実に溌剌と動きまわる。この面白さに魅せられる。中国語が愉快。二幕目の、山上でのパントマイム、三幕目、地獄の場の動き。様式化された大きな動きと、衣装と装置と照明効果を一杯に利用したショウ的な演出でありました。

このような形が採られたことは、本校で初めてのことでした。その良し悪しは別として、演出のやり方で、劇がまるで違ったものになるということを、教えてくれた劇でした。

セリフは取り上げるべきものはありませんが、母になった宮崎美千代の拷問時の表情、出口真佐子のきれいなはっきりした音声、一孝の動きなどが印象に残ります。義昭の演技は、一生懸命研究してやっていましたが、よく生かされていませんでした。

全員出演したことは、意義があり、また、それぞれ非常に真面目で真剣でありました。変わった演出のものとして、取り上げる価値がありましょう。

## □「窓を開けよう」　三年二組

藤本正信　小谷彰　長井紘美　勝岡道代　山本和右《かずすけ》　藤原幸正　堀江勅子　岸本成子
岸本満里子　山上富美子

卒業を前にして就職に悩む中学生、社会の不合理と働くことの意義をテーマに採ったもので、自分たちの直面した問題と取り組んだ劇です。

それだけに、魂が込められていました。正信や彰の叩き付けるような演技は、決して上手とは言えないものでしたが、胸を打ちました。紘美、幸正、道代のセリフのやり取りは、非常に自然で、滑らかでしたが、惜しむらくは声が小さかった。勅子、成子、満里子、富美子は、一言二言喋って、ちょっと出るだけでしたが、自然であり、はっきりしており、よく生きていました。和右は、やや消化不十分でした。これだけは、特別な演技を必要とする役ですから。

最後の場面が弱く、尻切れトンボになったのは惜しまれます。劇にとって最も大切なもの――自分たちの直面する問題と取り組んだ点、そしてそれを自分のものとして魂を込めていたことは、高く評価されます。これは、演技以前のもので、文句なしに訴えるものを持っています。

## □「最後の授業」（原作　ドーデー　脚本……）　三年一組

宮下紘一郎　臼井喜久美　山本義明　山本春男　山本和喜　藤原しげ子　村井照康　堀口綽男《のぶお》
田中寿栄子　松場一己　山上八重　古谷淳子　藤原美和子　長井綾子　永尾喜代治　藤原秋雄

【ものがたり】

普仏戦争。プロシャ軍に占領されたアルザス・ロレーヌの小学校では、今日限り、フランス語の授業が禁止され、先生たちがそれぞれ去って行くことになったのです。

村の人々が、名残を惜しんでやって来ました。教室には小使いさんによって、禁制の三色旗が飾れました。子どもたちは何も知らずに、元気よく学校へやって来ました。いたずらをして、はしゃぎ回っていた子どもたちは、やがて、今日のことを知りました。

アメル先生が入ってきました。動詞の活用の暗誦です。

ジュスイ　チュエ　イレ　ヌーソム　ヴーゼト　イルソン

フランツは不勉強のため、答えられなかった。しかし、アメル先生は叱りませんでした。彼は、静かに話し出しました。

「私は叱りません。フランツ、あなたはもう十分に罰せられたはずですから。今日はしなくていい、明日がある。そういう気持が、どれだけ私たちに、あだになったことでしょう。私たちは今日限り、この学校を去らなければなりません。しかし、世界で一番美しいフランス語……祖国の言葉を忘れてはなりません。民族の言葉をしっかり摑んでいる間は、鍵を持っているのと同じです。踏み躙られても、自分の民族の言葉をしっかり摑んでいる限り、ドレイになることはないのです」

エートルとアヴォアールの活用を、みんな繰り返した。

「先生、辞めないでください」、一人の生徒が叫んだ。「先生が辞めるのなら、ぼくも学校辞める！」、他の一人が叫んだ。一瞬、激しいすすり泣きが起こった。

プロシャ軍のラッパが鳴り響いた。皆は、キッと顔を上げた。

フランツが立ち上がって言った。「先生！　ぼくたちはもう泣きません。先生、最後に、国歌を歌わせてください。あのドイツ軍のラッパを吹き飛ばすように！」

ラ・マルセエーズ——人間の権利を高く掲げ、そのために闘い、それを守り続けたフランス国民の誇りに満ちたラ・マルセエーズが、悲しみを乗り越えて、高らかに響いた。

アロン　ザン　ファン　ドウラ　パトリーユ

ルジュルドウ　グローリェ　タリヴェ

「行け！　祖国の子ら、時は来たのだ！」

【評】

外国軍の占領と屈従、それに対する民族の怒りは、今日の日本の問題であります。圧迫と悲しみ、それへのレジスタンス——これは、三年生が今、直面する問題でありました。

自由と愛は、彼らの心を込めた願いでした。

一人一人の演技に、その願いと悲しみと怒りが、込められていました。自分の語る言葉の一つ一つが、そのまま、一人一人の心でした。演出も要りませんでした。叫びたかったのです。舞台の上で、幾度か胸が迫り、涙が溢れました。「先生、辞めないでください」。もう劇ではありませんでした。誰もかれも、観客も、泣きました。

ラ・マルセエーズ——フランスの歌ではあるけれど、こんなにぴったりした歌があるでしょうか。あの難しい歌を、彼らは原語で歌いました。

劇全体に、張り詰めた魂が、込められていました。

生徒たちの出てくるところは、自然で、生き生きしていました。巧まない演技で、胸を打ちました。アメル先生（照康）は、非常にしんみりと、落ち着いて、よく感じを出しました。その他も、決して、上手い演技ではありませんでしたが、心を込めていました。

しかし、こういうリアリスチックなものでは、大人の役を、その感覚を十分に表すことには、無理があるようです。また、少し「悲しみ」に、重点が掛けられ過ぎていました。圧迫と悲しみを乗り越えるものを、強調しなくてはなりません。オセンチな音楽を入れようとしたのは、かえって劇を壊すものです。

## (二八) 文化祭の意義

五三年には、演劇部発表会のような形のクリスマスとクラスの劇による学芸会とが別々に行なわれ、五四年には、演劇部を中心としてクラスが参加しない文化祭、そして、五五年には、演劇部、クラス両方の文化祭という変遷がありました。

この最後の形が、中学校としては、一番良い形でありましょう。演劇部が、芸術としての演劇の優れたものを出し、各クラスが、それぞれクラス活動、ホーム・ルーム活動の一環として、必ずしも技術にこだわらない劇をやるという形は望ましいものです。こういうようにやって行けば、演劇部には、本当に劇の好きな者が集まり、しかもそれが、単なる同好会ではなしに、学校全体に支えられ、また、学校全体に働きかけるものとなり、文化祭がみんなのものになって行くでしょう。

今年の文化祭には、そういう傾向が現れていました。一年生は、なるべく普段活躍しなかった者を、出演させようとしたこと、しかも一年生らしく無邪気にやり、二年生は、一つの組は全員参加、もう一つの組も多数が出演し、生活に共感あるものをやろうとしたこと、三年生は自分たちの直面する問題と取り組み、クラス活動で培った「ねがい」を込めてやり、演劇部は、主として「貝の火」によって、その円熟した演劇の味を見せて、責を果たしたのです。しかも、各クラスとも、クラス全員の協力ということが、よく行なわれていました。そしてまた、演劇部とクラスとが離れず、力を合わせていました。
昨年は、良かれ悪しかれ演劇部一本で劇がなされたため、一つの色で統一されていました。文化祭全体として、一つの中心に集まっている感じでした。今年は、当然のこととして、色々な傾向の集まりでした。これは各クラスやクラブでは、割合統一された集団になっているが、学校全体としては、ばらばらであるということを反映しているように思われます。
傾向は違ってもいいのですが、やはり、全体を貫くものがなくてはならないように思われます。もちろん、決して勝手気ままな、ばらばらだったという訳ではありません。ただ、東中学校の全体としての個性がない、もしくは薄いということなのです。個人にせよ、クラスにせよ、一つ一つの劇にせよ、または学校にせよ、はっきりした個性を持っていることが大切です。
文化祭の一つ一つの劇には、演技の上手下手にかかわらず、個性のはっきりしたものが多くありました。三年生の二つの劇、とくに「最後の授業」には、クラスとしての個性が非常に強く出ていましたし、「杜子春」もまた、強い個性を持っていました。
色々な点で、優れたものを見せた、演劇部の劇、
強い願いを込めた、三年生の劇、
変わったやり方で一貫した「杜子春」、
これが、今年の文化祭の大きな三つの傾向でしょう。ことに、三年生と演劇部には、「弔い合戦」とでもいうべき、悲壮な気持で始められた文化祭なのでした。

全体を通じて言えることは、どの劇も真面目だったということです。悪ふざけが少しもありませんでした。端役に至るまで、真剣にやっていたことでした。ちょっと出るだけの脇役がごまかすか、上級生になると、青年芝居のような悪ふざけや、勝手な演技をやることがよくありますが、今年の文化祭には、それが少しもなく、非常に清らかでした。

これは劇というものに対する考え方が、いい加減なものでなくなったということです。遊び半分ではないということです。そして、劇を通じて、自分を表し、また訴え、求めて行こうとする気持も見られました。照れたりすることも、随分少なくなりました。

観客も一応よかったようですが、やはりまだいい加減なところで笑ったりすることが少しありました。一度笑うと、劇が進行しているのに笑いが止まらず、だらしなく笑っているというようなことがあります。それがかなり惹き付けられている劇でさえなのです。

舞台にいる者は笑わせた後、劇のペースが上手く整わないので苦しむのです。これは、観客の見方がよくないのです。去年より後退した感じでした。悪質なヤジ馬気分はありませんでしたが、やはりこれも、一種のヤジ馬と言えましょう。観客ももっと、観ることに真剣でなくてはいけません。

クラスの劇を通じて見ても、恥ずかしがったり、役に不平を持ったり、我がまましたり、妬み合うような封建的な気持が減少しているようでした。

演劇部について言えば、演技の上達、生徒自身の演出、励まし合い批判し合って協力することなど、様々な三年間の成果が、「貝の火」に集中的に表されました。それと共に、欠陥も、顕著に現れました。成果が、「貝の火」に集中されて現れたということは、いいことですが、「貝の火」に限られていたということが、問題なのです。

「貝の火」と「最後の一葉」を除いては、劇として、クラスと比較してさえ、あまり目立たないものであったことは、今まで演劇部が、上演主義——カンパニヤ主義に走っており、普段の地道な練習と研究によって、全体の平均的なレベルを上げていなかったことによるものです。

そして、とくに、三年生の力のみによって、演劇部が支えられていたということです。演劇クラブの普段の活動の形について、もっと十分研究が行なわれ、指導されていたら、こういうことはなかったでしょう。

笹倉がいなくなり、井野が忙しかったという条件が、この欠陥を明らかに現すことになったのでした。もちろん、一、二年生も、真面目で、真剣でしたが、舞台馴れや、技術的な指導が、これまでに十分なされていなかったために、努力が生かされなかったのです。精神的、技術的に演劇部の中心であり、力であった三年生がいなくなった時、不安が残るのです。

最後に、一司の書いた、「貝の火」について、という文を、掲げて置きましょう。

# 貝の火について

小谷一司

練習期間二十日間、しかも他の劇と重なって受け持っている者のあることゝ、二日間の期末考査が二十日間にマイナスされた。

「だめだ！やりなおし」一生懸命やっても劇にならなかったら、この一言のもとにやりなおしとなる。時には一つの場面だけで、一日の短い練習時が終ってしまうこともあった。全員の気持が一致しない時は、その日は練習はやめ、衣裳、装置作りをやった。又端役のむずかしさを泣いて知る者もあった。演出をやっているものも演出のむずかしさをあらためて知った。こうした苦しみの中に練習は続けられた。

又晝は練習のため舞台装置衣裳、小道具作りは夜を徹して行なわねばならなかった。

二十日以後は練習出来ずにヤキモキしながらに二十四日の発表当日となった。衣裳をつけ音響効果をいれ、大道具小道具を使って一度も練習出来ず、しかもこゝ三日間空白になりセリフも忘れているだろうし、まさに一か八かだった。そのため兎の耳のついた頭布をかぶるため耳がほてり、又兎一家の晩食の場面や、狐がホモイから貝の火を奪いとり貝の火が飛んでいってしまう場面等、練習の時とは全然勝手が違い冷汗の連続だった。

無我夢中でやり通し幕がしまった時「終った！」と思った。その時先生が舞台へ上ってこられて「よかったぞ！よかった」。と云われた。とうふんした私達は半分夢心地の中に成功を知った。

二十五日は前日と比べて楽に出来た。しかしラストシーンでちょっと失敗の感があった。だがそれも劇のねうちをキズつける程のものではなかった。

二十四日（生徒）「もう一度みたいわ」（先生）「よかったなあ、オイ、あしたもしっかりやれよ」二十五日（お母さん）「〇〇さん、△△さんも□□さんも上手にやったなあ。今日来た甲斐があったわ」（小学校のチビ君）「狐死んでしまいよったのお。せやけどあの光る玉どないして作っとってんやろのう」。こんな声を聞いた私達は嬉しかった。苦しかった練習が思い出された。

十一月十五日　宮沢賢治原作・岡田陽脚色の「貝の火」をやる事に決定。
十九日　原紙切り始める。
二十一日　製本。
十二月一日　配役を決め脚本を渡す。
二日、初読み合せ。本日より練習に入る。
二十日　練習打ち切り。
二十一日〜二十三日　準備に全部取られる。

劇をやった者は、劇は小手先の演技だけじゃだめだと云うこと。魂・情熱のこもったもの、その人が体ごとぶつかったもので、始めて観る人の心を打つことを知っただろう。又演劇の喜びは苦しみの中にこそ、はじめて生まれるものであることを……。これは演劇だけではなしに他の凡ゆることに云えると思う。日頃の勉強では学びとれぬものを学んだ。これらは「貝の火」に出た人だけじゃなく、クラスの劇は私達以上の勉強をしたものだろう。今までに書いたものにプラスして、クラス・学年が一つになって更に先生と共に一つの目標に力を合わせて進むと云うことを学んだだろう。とにかく意義ある文化祭だった。

「西脇東中学校新聞」（1956年２月号）からの切り抜き

## 「貝の火」について　小谷一司

無我夢中でやり通し幕がしまった時「終わった！」と思った。その時先生が舞台へ上がってこられて「よかったぞ！　よかった」と云われた。こうふんした私達は半分夢心地の中に成功を知った。

二五日は前日と比べて楽に出来た。しかしラストシーンでちょっと失敗の感があった。だがそれも劇のねうちをキズつけるほどのものではなかった。

二四日（生徒）「もう一度みたいわ」（先生）「よかったなあ。オイ、あしたもしっかりやれよ」二五日（お母さん）「○○さん、△△さん□□さんも上手にやったなあ。今日来た甲斐があったわ」（小学校のチビ君）「狐死んでしまいよったのお。せやけどあの光る玉どないして作っとってんやろの」。こんな声を聞いた私達は嬉しかった。苦しかった練習が思い出された。

一一月一五日　宮沢賢治原作・岡田陽脚色の「貝の火」をやる事に決定。

一九日　原紙切り始める。

二一日　製本。

一二月一日　配役を決め、脚本を渡す。

二日　初読み合せ。本日より練習に入る。

二〇日　練習打ち切り。

二一日〜二三日　準備に全部取られる。

練習期間二〇日間、しかも他の劇と重なって受け持っている者のあることと、二日間の期末考査が、二〇日間にマイナスされた。

「だめだ！　やりなおし」

一生懸命やっても劇にならなかったら、この一言のもとにやりなおしとなる。時には一つの場面だけで、一日の短い練習時間が終わってしまうこともあった。全員の気持が一致しない時は、その日は練習をやめ、衣裳、装置作りをやった。また端役のむずかしさを泣いて知る者もあった。演出をやっている者も演出のむずかしさをあらためて知った。こうした苦しみの中に練習は続けられた。

また昼は練習のため、舞台装置、衣裳、小道具作りは、夜を徹して行なわねばならなかった。

二〇日以後は練習出来ずにヤキモキしながら、二四日の発表当日となった。衣裳をつけ、音響効果をいれ、大道具・小道具を使って一度も練習出来ず、しかもここ三日間空白になり、セリフも忘れているだろうし、まさに一か八だった。そのため兎の耳のついた頭巾をかぶるため耳がほてり、また兎一家の晩食の場面や、狐がホモイから貝の火を奪いとり貝の火が飛んでいってしまう場面等、練習の時とは全然勝手が違い、冷汗の連続だった。

劇をやった者は、劇は、小手先の演技だけじゃだめだということ、魂・情熱のこもったもの、その人が体ごとぶつかったもので初めて、観る人の心を打つことを、知っただろう。また演劇の喜びは、苦しみの中にこそ、初めて生まれるものであることを……。これは演劇だけではなしに、他の凡ゆることに云えると思う。日頃の勉強では学びとれぬものを学んだ。これらは「貝の火」に出た人だけじゃなく、クラスの劇は、私達以上の勉強をしただろう。今までに書いたものにプラスして、クラス・学年が一つになって、さらに先生と共に一つの目標に力を合わせて、進むと云うことを学んだだろう。とにかく意義ある文化祭だった。

## 〈幕間のつぶやき〉

**新聞の切抜から思うこと**　右は「東中新聞」からの切抜ですが、発行は、文化祭と笹倉ノート脱稿日の間ですから、五六年の二月でしょう。この時すでに、笹倉先生は辞められており、校外勢力の存在に配慮して笹倉先生とは名前が書けず、やむなく単に「先生」とだけにしました。読んだ生徒たちには、誰のことか、間違いなく分かったでしょう。

中学生の癖に気を使い過ぎだ、と思われる読者もあろうかと思いますが、笹倉先生なき後、絞めつけはさらに厳しくなり（職員会議でもそうだったでしょう）、卒業時に、野球部の主将、クラスの委員長、生徒会の文化部長、演劇部で中心的な活躍をした小谷一司なる生徒には、結局「功労賞」は、与えられなかったのです。

「賞罰ナシ」か、ですって？　いえ、「優等賞」は、なんとかもらいました（∴賞アリ）。そして、もちろん補導歴も逮捕歴もありません（∴罰ナシ）。

笹倉五郎の分身ともいえるこの可愛気のない（？）生徒に対し、一連托生の措置をした「上層部」の固い意志は、その徹底さにおいて、「ご立派」と言う他はありません。

だけど、「功労賞」を受けた生徒が、素直に喜べなくて、後ろめたい気持を持ったとすれば、あるいは他の生徒たちが違和感を抱いていたとするならば、「上層部」の皆さん、その教育効果たるや推して知るべしではないでしょうか。事実、式の終了直後に「汚れた賞だ」と生徒を慰めている若い先生三人が、その周りには他の生徒たちも、いたのですから。

## （二九）批評会

二六日、「何もなくてもいいから、批評会をやろう」という要望によって、裁縫室で批評会が開かれました。集まった者約三〇人。

「演出の難しさが分かった。ぼくが自分の感情に走って、練習を止めてしまったことがあった。その時、堀江や清子、輝子などに批判された。自分の感情で劇を左右せず、劇を良くするために、全てを打ち込むのが演出の役目じゃないかと言って」という一司の言葉に始まり、色々の苦心談などが出ました。

そして、誰もかれもが、非常に真剣に批判を求めました。劇の技術的な批判だけでは満足せず、人間としての批判を求めるのでした。笹倉が、一とおり、一人ひとりについて話したのですが、それは、不十分であり、満足を与えることは出来ませんでした。物足りない表情の生徒も多くいました。しかし、このような雰囲気は、何よりも今までの魂の成長をものがたり、これからの成長を約束するものと言えましょう。

**〈幕間のつぶやき〉**

**雨傘と少女**　右の文中の一司クンを批判・助言してくれた三人の人の内、部員の二人は今まで何度も出てきましたが、堀江勅子《ときこ》さんの名は、クラスの劇のところなどで二〜三回出てきただけだったと思います。彼女のことについて、少し述べます。

堀江さんは、学年の中で、背は小さい方から一～三番、成績は良く出来る方から一～三番でした。次の話は、一〇年前の同窓会の席で、初出席のA子さんから聞いた話です。

堀江さんは、その時は欠席だったのですが、彼女に一番会いたかったのにと、A子さんはしきりに残念がった後で、「中学の時、雨が降ったら、自分は傘がなかったので学校へは行けなかった。しかしそれを知った堀江さんは、雨の度に、わざわざ迎えに来てくれて、学校まで一緒に傘を差して連れて行ってくれた。わたしの恩人である」と、そして、傘すら買えなかったのは、父親が稼いだ日当を酒代に使ってしまい、家には少ししかお金を入れなかったからだと。

義行（松場）君と私は、初めて知るこの堀江さんとの話を、共に涙して聞きました。

地理的・時間的なことを言えば、堀江さんの家とA子さんの家の間に学校が位置します。つまり、堀江さんは、普通の日は一〇分ほども歩けば学校に着きます。しかし、雨の日は学校を横手に見ながら通り過ぎて、先へ一五分ほど歩いて、A子さんの家に着き、A子さんと共に傘を差して一五分かけて学校へ着くのです。途中で寄るのではありません。

たかが三〇分多いだけじゃないか、と思うことなかれ。朝の三〇分（だけ）を考えても、ましてや、雨の日ということは、当時、雨ガッパなんて物は高嶺の花で、冷たい雨も、横なぐりの雨もあるのです。雨の降る朝は、いつもより三〇分早く起きねばならず、朝、雨が降るかどうかを、察知するのは並大抵ではなかったはずです。

一四歳前後のチビッコ少女が、それを、一回や二回でなく、卒業までやり続けたのです。

当時の降雨日の統計は知りませんが、それを欠席したとしたら、出席日数不足で……云々となっていたかも知れませんし、最悪には至らないまでも、休めば、勉強は遅れるし、学校生活が面白くなくなって行ったはずです。A子さんは「わたしの恩人」と表現しました。

A子さん——当時は弱々しい感じだったけど、今は立派な肝っ玉母さん・いや孫もいるから立派なオバアさんでした——は、その次の同窓会（二年前）では、三原（堀江）勅子さん——実に気さくで謙虚なオバアさんでした——と、会えました。そして、A子さんを囲んで、彼女の話を、勅子さんと共に、みんなで聞きました。その話——卒業後の力強い生きざまは、先の「Y君」の場合と同じく、それだけで一つの物語になるほどの中身でした。

ここにも、陰の功労者・小さな巨人が、いたのです。

## (三〇) 視聴覚教育研究会

一月一九日、視聴覚教育研究会が開かれ、演劇部の「貝の火」がアトラクションとして出されました。（門脇注＝視聴覚教育研究会とは、県や市の教育関係者で構成された研究会です）

手紙によって、その様子をみて見ましょう。

—今日、視聴覚教育研究会が行なわれました。その時に「貝の火」をやりました。最後まで上手く行っていましたが、最後の場、貝の火の飛んでいく時に失敗しました。あまり練習していなかったためだと思います。それは貝の火が途中で下へ落ちてしまったのです。
だが、皆の演技は、たいしたものでした。一司君も、前の時よりずうっとよかったです。軽く、自然で。大内君も、康雄君も、前以上だったです。とても上手なのに驚きました。
それにしても、最後のところは惜しいことをしました。米田君にもう少し時間があって、練習していたら、上手く行っていたのです。だが、済んでからも、誰も小言を言う者はありませんでした。
私はその時、とても嬉しかった。米田君も、嬉しかったことでしょう。だが、自分のセイにして、少しがっかりしていたようです。
皆明るい顔になり、誰もかれも、米田君を励ましていました。――(尚三)
―輝ちゃんや、大久保さんや、その他「貝の火」に出た人と励まし合って、成功したときの美しい情景を、見てもらいたかった。失敗は、その係りをしていたコーキさんの責任ではない。そのコーキさんの責任感のあったこと、それをみんなで慰めたところなどを。―(清子)
文化祭の時よりも、全ての点において、一層素晴らしくなっていたのです。

## 【八】未来のために

### (三一) 普段の練習への一つの案

「上演」の時は張り切って、後は何をしていいか分からないというようなこと、また、普段の基礎的な練習が不十分であること等が、欠陥であったことをしばしば述べました。その最も大きな原因は、指導する者に、はっきりした方法が分からなかったからです。

五五年六月の経験などから、普段の演劇部の活動における練習方法を、どのようにやったらよいかということが少し分かってきたように思われるので、一つの案を述べて置きましょう。

基礎的な発声、発音、抑揚、身体つき、動かし方などを、普段やっておくことは、全体のレベルを高める上で、非常に大切です。基礎的なものが自然に身についた上で、脚本に当たり、自由にものにして行けるのです。そうすれば、脚本に着いて始めた時、役の性格や解釈について考えればよいということになります。

また、照明、装置、音響効果、衣装、かぶりもの、メーキャップなどについて、全員が知識を持っていること――それから、効果係りや裏方の組織が自発的に作られるようになるでしょうし、また、演劇の歴史や、優れた戯曲について知ることは、理解を深め、劇に対する考えを、しっかりさせる上にも必要です。

脚本を書いて、自作のものをやることは、どうしてもやらなくてはなりません。

これらのことは、上演前の慌ただしい日にはやれないので、一週一度の活動日に系統的にやることが望ましいのです。

これまでは、「上演」のために練習する間に、自然発生的に、あるいは必要にかられて、これらのことがやられて来ました。しかし、そのためどうしても、力を重点的に注がねばならず、大きな努力を注いで、少ない人にしか、それらが得られませんでした。

普段の練習の間に、次の方法を取れば、いいのではないかと思います。
① 発声、発音のために、六月にやったように、

アエイウエオアオ　カケキクケコカコ
サセシスセソサソ　タテチツテトタト
ナネニヌネノナノ　ヤエイユエヨヤヨ
ラレリルレロラロ　ワエイウエオワオ

の練習を、繰り返しやる。声と発音が、きれいになります。また、早口言葉や、六月にプリントした文句を時々、やるのです。ザジズゼゾとダヂヅデドの混乱が、この地方では非常に多いので、この矯正も、繰り返し、やることです。また、時には、池の所や山へ行くか、集会室かで、声をよく通す練習をしてみるとよい。
② 抑揚や発音のために、朗読用の短い文、国語の教科書でもいいし、いい物語でもいいから、読

む（声を大きくして）練習を、すること。

「ポドラシイのこうのとり」でやったようなやり方です。これも、出来るだけ発声と発音に注意してやるようにしたい。

区切りをはっきり、意味を考え、おはなしのように、抑揚をつけて読めるようになるまでやればいい。

また、「青い鳥」墓の場のように、簡単な対話を、練習してみたらいいでしょう。
③ ゼスチャー、物真似など、二組に分かれたり、一人一人、勝手に出てやったり、それをみんなで当てるか、また、一人ずつに題を与えて、次の時に、やり合うようにしても面白い。
簡単な「ブタ」とか「△△先生」とかいうのから、「電話がかからないので困っている」とか「分からない問題のある試験」とか複雑なものにしたり、一つの物語をゼスチャーだけでやったりするようにして行くのです。
④ その他の遊び。歌を歌ったりして、色々創意を凝らした、遊びが出来ればいい。
⑤ 図書館の本から、演劇の歴史や、効果のことや、優れた戯曲、物語などをプリントしたり、話してもらったり、研究したりすること。
⑥ 脚本を、作文やいい物語から作り、みんなで直し合いをする。
こういうことを、普通の授業のようにして、もちろん堅苦しくなく、自由にやってみればいいのではないでしょうか。色々、取り混ぜて。

一番大切なのは、楽しくやること、また、お互いに絶えず批評し合うことです。面白く、楽しくやることが、一番大切です。そして、この間に、放送劇や詩の朗読や幻燈などをやり、寸劇をやったりして行くのです。

六月の経験によれば、このようなやり方は楽しく効果があるようです。こうして、一月〜九月ぐらい、堅苦しくない練習で、基本的なものを積み上げ、一〇月〜一二月の上演でしっかりとその上に作り上げて行くようにするのがいいでしょう。

和気あいあいとした雰囲気を作り、配役も、自分の希望と皆の相談と投票によって決められるようになれば、申し分ありません。

脚本も、この長い普段の間に、選んで置くようにしたいものです。

## (三二)「三年の歩み」の中から

演劇部は、初め封建的な感情が満ちており、「劇」に対する無知と無理解が支配していた中から出発しました。

「恥ずかしい」「照れくさい」という気持、人の成功を妬み、少し活躍すると、えこひいきだと言って、陰口を言い、引き下ろそうとする、また、それを怖れて、なるべく、引き込んでいようとする気持。そういう気持の中からは、個性も伸びず、理性的にものを考えることも、出て来ません。狭い経験からしか、ものを見ることが出来ず、自分の意志でやることが出来ず、命じられたままに動くという、ドレイ根性があるだけです。

演劇は、これらの封建的感情とはまったく対立するものです。また、「悲しい劇がしたい」(女の子)、「オモロイのがしたい。チャンバラみたいなのがしたい」(男の子)というように、劇といえば青年芝居のように、無理に悲しい声を絞ってやる新派悲劇のようなものや、大見栄を切ったり、また、お尻を叩いたり、奇抜な真似をして、笑わせたり、何かの物真似を上手くすれば上手な劇なのだという考えも、多かったのです。

こうした中で、最初の演劇部は潰れました。

まず何よりも、優れた劇をやって、劇に対する考えを変えることが必要でした。今までに述べたよ

**〈幕間のつぶやき〉**

**封建的**　文中の「封建的」という言葉(この前後四回ほど出て来ます)について、若い読者のために、注釈しておきます。当時の日本では、「好ましくないこと・改めるべきこと・民主的でないこと」を「封建的」ということが多かった、ということです。余談になりますが……、社会科(日本史)の時間に、時代が平安から鎌倉時代に移った所で、MY先生が「封建時代がやって来た訳で、歴史もだいぶ進歩したと思うだろう?」と言われたとき、J子さん(優秀な生徒だった)が「進歩したとは思いません」と答え、先生はポカンとした顔でした。つまり、二人の間で「封建」という言葉の意味に違いがあった、ということを示すエピソードです。J子さんは、清少納言や紫式部の女性がいた時代から、源頼朝や義経等の男が刀を持って争う時代(=封建時代)への移行は、進歩ではなく退歩だと思ったのでしょう。

うな感情から割りあい自由な、そして、「劇」に対して偏見を持たない少数の人々によって、新しい演劇部を作り、一二月クリスマス公演が計画・準備されたのでした。武部詢、杉山昌章、山本忠彦、片岡英子、大内信男、小谷一司、生田隆子、大久保和美の八人によって、まず、その基礎が作られました。この内、昌章、忠彦、英子を除いた五人は、後に大きくなった演劇部の技術的な・精神的な中心となりました。

やがてその八人に加えて、広田美千代、小畑ひとみ、泰永朝枝、村井綾子、藤井勲、田中清子、山上富美子、少し遅れて佃治子の八人、計一六人によって最初の一二月クリスマス公演が行なわれました。

その結果、劇の対する認識が大きく変わり、その後の、演劇部の発展の途が、開かれたのでした。劇は、ただの遊びじゃなくて、魂を込めてやるものだということが、分かり始めて来ました。この時期には、まだ、演劇部という集団としての心の繋がりよりも、個人的なものに留まっていました。いわば、芸術至上主義的な気持を、一人一人が持っていました。

この公演は、これに出演しなかった者の中に、刺激を与え、進んで演劇部に参加してやろうとする動きが出て来ました。

それと共に、クラスの活動との関係が、強まって来たのです。

五四年二月には、劇が好きだった永尾康雄が参加してきました。

四月には、坂本雅信、村井照康、山崎修吾、藤本健作、生田頼夫と新二年生のメンバーが参加して大きな力を加え、三年生からは永尾篤子、新入生からは、生田英機、武部裕、武部一孝、藤井義輝が入りました。

やや遅れて、藤本尚三、蛭田守も入って来ました。

これらの新しいメンバーは演劇部に新しいエネルギーをもたらしました。五三年クリスマス頃の演劇部の雰囲気は、内面的な深さを求めながらも、静かで、情熱が一人一人の胸の中に沈んでいるような、落ち着きがありました。そしてそれだけに、自ら求め、勝ち取っていく意欲の力が弱いようでした。ところが、この新しい部員によって注ぎ込まれたエネルギーは、もっと野性的な荒々しさと、強い意欲に満ちていました。頼夫、尚三などの働きが、よく現れて来ました。

この逞しい意欲は、他に影響を及ぼさずには置きません。しかも、この意欲は、そのはけ口を求め、うっ積したし、またさらに、新校舎の完成の遅延や、色々な不満や、学校生活に満たされない気持などから、何かを求める気持が演劇部内外に起こって来ました。そしてそれらが、一二月の五四年文化祭へと迸出するのです。

松場一己、山本義明、山本輝子、松場義行、中村和正、上石国雄、米田弘毅、宮下紘一郎、片岡栄、小畑加代子、岡田満子、西山潔美、野田静代などが続々と入部したのは、この時でした。

五三年クリスマスの時の、純粋に演劇をやりたいと念じる、芸術派的な者の上へ、これらの「何か」を求める人々が入って来たことは、一種の混乱を引き起こしました。単にいい劇を上手にやろう、とすることでは済まされなくなったのです。

この混乱は、本文にも書いたように、様々なごたごたの元ともなりました。折角求めて入りながら、満たされずに去った人もありました。

昌章、忠彦、勲、富美子はすでに辞めていましたが、その上に、英子も辞めました。昌章、忠彦、英子などで表される傾向は、自ら求める意慾の強さではなしに、与えられたものを消化するというような消極的なものでした。このような消極的なものは、「自分一人を守る」ということに通じており、この節の最初に言ったような封建的な感情の中で、自分の「良心」を守り、自分一人の内面で真実を求めようとする、精一杯の努力だったのです。

しかしそれは、今、新しく湧き起こって来た、大きな車輪のように動き出した意慾漲る若い力に合流するには、あまりに弱々しかったのです。

古い者と新しい者との交替、そういう感じでした。

五三年クリスマスの連中は多かれ少なかれ、その弱さを持っていました。だから、詢も、このような新しい力の中で主流を占めることが出来ず、「ぼく一人になってしもた。ぼく辞めようかしらん」と淋しそうに語ったのでした。

この新しい意慾の力は、五四年文化祭の大きな特徴でした。かつて演劇部の出現を阻んだ封建的感情は、この力の前に消え去りました。消えずに残っていたとしても、その意慾を妨げることは出来ませんでした。

自分の考えで、自分たちの力でやろうとする自主性。お互いに力を合わせ、自分の持場に応じて、全体をよくするために努力する責任感と協力。感動を求め、形の上だけじゃなしに、心から打ち込んでやろうという気持。それと共に、厳しい練習によって、技術を向上させること。他の批評を進んで受け入れようとすること。

これらの良いものが、大きく芽生え発展しました。前から演劇部にいた者も、新しく入った者も、あるいは演技の面で、あるいは装置や効果の技術で、あるいは精神的な面で、それぞれ大きな進歩をしたのです。

こうして、五四年文化祭は、成功裏に発展的に行なわれました。

このの ち、なお演劇部に残っている「上演主義」への批判が起こり、もっと皆が演技その他の点で向上するように、普段から練習するように、基礎的な訓練をやるように、誰もが自分の望むような劇をやれるように、という方向に努力が重ねられました。吉田清子、金田順子、村上公子、石田美智子、森田多可司、藤本峯子、西村英子、藤本佳代子などがそののち入部し、退部者も出ましたが、五四年文化祭で発展した良い傾向も発展の方向を辿りました。

演出も生徒の手でやり、練習脚本によって基礎的に練習し、みんなで批評し合うというやり方が行なわれました。

しかし、演劇部自体の経営方法の欠陥と外からの圧力のため、多くの努力が実を結ばずに終わることになりました。

五五年四月以後、二年生の小畑加寿子、新入生から藤原寛子、小林伊津子、飛田直子、藤本由紀子、森脇文雄、田中克代などが入部し、田中清子、坂本雅信、米田弘毅、蛭田守などを初めとして、五月のこどもの日公演を目指して、準備が行なわれました。

しかし、これは本文に詳しく述べたようにして、挫折しました。

いわゆるベテランでない層（二年生、一年生も含めて）から、今までの演劇部の行き方と違ったやり方でもって、やって行こうとする動きが現れて来ました。

演劇部が初めて作られた頃は、少数の人々で小さくまとまり、その少数の演技を伸ばすことに力が注がれました。これが五四年度以降のように多人数になって来ると、少人数のときと同じようなやり方では、どうしてもやって行けないようになります。多人数になってからの組織的なやり方が、十分に出来なかったところに演技は非常に洗練されているが指導力・統制力が伴わなかったり、組織しようとする努力があっても演技が行なわれなかったり、また、一人一人のそれぞれの面での優れたところが十分有機的に活用できないうらみがありました。


五五年一〇月に、笹倉が、学校を去りました。


井野と演劇部員は、力を挙げて、一二月の文化祭に取り組みました。

今までに深く根を張った演劇部は、色々の欠陥はありながら、その根にふさわしい花を咲かせました。

この文化祭は、この三年間の歩みの一応の総括でありました。この期間、演劇部の色々な面での主力であった三年生の最後の文化祭なのですから、そしてまた、この文化祭はこの後、これまでの成果を受け継いだ新しい演劇部が再び伸びていく希望と方向を与えたものでもありました。

この三年間、初め八人で出発した演劇部は、五三年クリスマスには、一六人、五四年文化祭には、三七人、五五年の一学期には、五〇人を超えたのです。五五年文化祭には、〇〇人となりました。

そのうち、

五二年度入学生は、　一一人
五三年度入学生は、　二六人
五四年度入学生は、　一四人
五五年度入学生は、　△△人

その他、短期間演劇部に入っていた者、一〇数人を数えます。

指導に当たった先生は、笹倉、井野の他、松本、宇野、松山、岡本（阿江）などで、そのうち、笹倉、井野の二人は、指導というよりも、同じ演劇部の部員であったと言えましょう。生徒と同じように出演し、同じように苦しみ、同じように色々のことを学んだのですから。

三年間に上演した劇は、「あまのじゃく」「えんにち」「歌をわれらに」「無心」「火星から帰った三人」「花の詩集」「グッバイ・ベティ」「生あるものは答えよ」「和尚さんと小僧さん」「雪の少女」「あらしの前」「赤ずきん」「女神のおくりもの」「四辻のピッポ」「さよならロバート」「最後の一葉」「貝の火」計一七本。その他、クラスの劇（「白雪姫」「思うようにならない劇」「夕やけ」「窓を開けよう」「最後の授業」他）や、有志の劇として演劇部員が中心になってやったものが、多数あります。この他、プリントを切り、練習しながら、上演することの出来なかったものは、「愛の手」「くしゃみをする王様」「リンゴ園のピッポ」「メイシン島ものがたり」「火」「ヴェニスの商人」「小さないさかい」「帰って来た安次」「北風のくれたテーブルかけ」「そら豆の煮えるまで」「河童と百姓」「山びこ学校」「眠りの精」「さるかに合戦」「山の神々」他で、一五本以上にのぼりました。

また、「舞いこんだ手紙」を初め、放送劇や朗読——あのモーメント・ミュージカルで始まる校内放送は、演劇部によって生み出されたものでしたし、二〇数本の幻燈録音がありました。

演劇部三年の歩みは、色んな意味で東中三年間の縮図とも言えます。東中の最も潑剌とした魂が寄り合い、成長したのだし、また、東中全体の考えや感覚が演劇部に強く反映し、また、演劇部の活動が、東中のそれらに大きく影響を与え、東中の色々な点での成果や矛盾が、演劇部の活動の上に現れています。

そして、この歩みの中から、

値打ちのある劇をやろう。

魂を込めてやろう。

心を合わせ、陰の力になり、個性を生かしてやろう。

自分から進んでやろう。

という気持が、芽生え育ちました。

必ずしも、部員の全部の人が、満ち足りた気持を持った訳ではありません。

いや、それどころか、どんなに多くの努力が報いられずに、終わったことでしょう。

いくつかの輝かしい成功の陰には、それに数倍する力と汗と涙があったのです。

しかしながら、今、全ての人は、それらがただ無駄に流された、汗と涙であったとは思わないでしょう。

ただ成功だけによってでなく、失敗や苦しみの中にこそ、多くのことが学ばれ、それによってこそ、演劇部の成果が、勝ち取られたのだということを、誰しもが、思っていることでしょう。

「私は、演劇の技術の面で、まだまだやらなくてはならないことがありました。私はどうして演劇部へ入りたい気持を持ったのか分かりません。今でも私は演劇をするような柄じゃないと思っています。しかし、演劇部へ入って、私は多くのことを知り学びました。人間の価値を教えられました」

「『貝の火』を練習する人が集会室へ入って行かれるのを見たとき、どれだけ羨ましく思ったかしれない。劇がしたい。もう出来ないのだ。劇がしたい。「貝の火」を見ながら、何度も涙が出てきた。「貝の火」が成功すればするほど、悲しかった。喜ばなくてはと思いながら、他の人と同じように喜べなかったのが、残念です。私は、これまで自分の役を、不服に思ったことはなかった。他の人に比べて、幸福過ぎたかも知れない。こんなことが一度くらいなければ、不思議なくらいです。そして、本当にこうなったために、私は、色んなことを学びました。こうなったことが、将来に大いに役立つように思いました」

「三年の歩み」の中から、将来への様々の成長の芽が、芽生えています。これからの演劇部が、この成果の上に、欠陥を克服してよりよく成長することを期待し、また、巣立って行くそれぞれの人が、それぞれに、美しく正しいものを心に抱いて行くことを信じることが出来ます。

これが、「演劇部三年の歩み」の中から、見いだし得る一番喜ばしいことなのです。

## 【あとがき】

「三年の歩み」を書き終えて、まだまだ書かなければならないことがあるような、気がします。けれども、色々な時に、色々な事柄について、一人一人の人の心の中まで書くことは私の力の遠く及ばないところです。

それぞれの人が、その心の中に、それぞれの「歩み」を、感慨をもって書き記しているでしょう。一人一人の、その「歩み」には、色々の違った感情が込められているでしょうが、それらはまた一つの共通した全体の「歩み」の中に、変わらないものを持つでしょう。

この　演劇部　の　花園の　中に
育って行った　一つ一つの　花は
そのタネを　みのらせた
そして　この花園から　あちこちに　とびちってゆく
ひとつひとつの　タネは
たとい　色や形はちがっても
香り高い花を　咲かせ　そのまわりに
また　うつくしい　花園を　つくってゆくことでしょう
私は　このことを　信じつつ、「演劇部三年の歩み」のペンを置くのです。

――一九五六年二月二一日――

笹倉五郎

## 【付】部員のプロフィール（門脇注＝出演作品名・役・時期は、省略します）

■五二年入学

□武部　詢（たけべ　じゅん）　（入部）五三年一〇月　（退部）卒業まで

ピノキオをやってから成績がぐんと上がったという劇の申し子みたいな少年。質朴・純情で自由な好少年。質朴なイタズラ坊主――喜劇には断然優れていた。舞台を下りると気が弱く、統率力がないため、演技の巧者でありながら指導的立場に立てなかった。代表作……小僧さん。（作品数・八）（門脇注＝彼は、今は故人です）

□杉山　昌章（すぎやま　まさあき）　（入部）五三年一〇月　（退部）五四年一月

落着いた風格……やや内面的で、渋い声を持つ。演劇部創成期の功労者だったが、他の原因で辞めた。年上の兄貴タイプが好適。（作品数・四）

□山本　忠彦（やまもと　ただひこ）　（入部）五三年一〇月　（退部）五四年一月

よくとおる声とはっきりした発音。詢と同じように小さいが、正反対の几帳面。やや固く、融通性を欠く。気が小さく、五三年クリスマスの、厳しさに心を痛めて辞めた。昌章と共に惜しまれる。（作品数・三）

□片岡　英子（かたおか　えいこ）　（入部）五三年一〇月　（退部）五四年一二月

演劇部創成期のプリマ・ドンナ（主演女優）。美しい声と熱心さがあった。やや生硬さがあったが、五四年の初めまでは、第一級として重きをなした。素直で、初め演劇部に大きな貢献をした。気が弱くて、様々の不安のため、五四年文化祭直前に、涙の内に辞めた。後で、「劇をやって置けばよかった」と述懐。受動的で、自らの幸福を開く強さのなかったための悲しさである。(作品数・四)

□泰永　朝枝(やすなが　あさえ)　(入部)五三年一一月　(退部)卒業まで

純粋に演劇部から育った、意欲的なよきタイプ。オリヒメをやるまでは、恐らく才能も興味もなかっただろう。オリヒメでも、声が大きいのが取柄だけで、不細工だったが、「生あるもの」では、驚くほどの進歩を見せた。細かい技巧やデリケートなところが全くない、線の太い素朴な「力演」。原紙切りや、陰の力として、よくやった。放送もやった。(作品数・四)

□広田　美千代(ひろた　みちよ)　(入部)五三年一二月　(退部)卒業まで

非常に意欲的。感情がきついのとややエゴイスティックなため、ごたごたの渦中にあることが多かった。演技も身の入れ方は激しいが、技巧的過ぎ、主観的で、ひとりよがりだった。ダンス、放送など、色々なことに活躍。惜しむらくは、それらが孤立的であったこと。激しい情熱は高く評価される。「雪の少女」が好演。(作品数・六)

□村井　綾子(むらい　あやこ)　(入部)五三年一二月　(退部)卒業まで

ひよわい感じのお嬢さんタイプ。目立たないながら、演劇好きのためにやり通した。最後は、あまり報いられなかった。(作品数・三)

□小畑　ひとみ(こばた　ひとみ)　(入部)五三年一二月　(退部)卒業まで

どんな役でも、嫌がらずにやる、劇好き。初めは、セリフと共に、足を上げたりして、とかく粗雑であったが、雪の少女で、なかなかの好演をした。ダンスもやる。純真、素朴。（作品数・三）

□藤井　勲（ふじい　いさお）　（入部）五三年一二月　（退部）五四年一月

素朴な好ましい庶民的少年。五三年クリスマスの装置作りには、一人こつこつとやって感激させた。劇が好きではなく、辞めたが、表面には現れない誠実さは、得がたいものだった。（作品数・二）

□佃　治子（つくだ　はるこ）　（入部）五三年一二月　（退部）卒業まで

初めての演劇部を潰した張本人。五三年クリスマス以後は、すこぶる明朗で、素直であった。鼻にかかる甘たれ声と表情とで、少女役に活躍。早口なのが難点。「雪の少女」のビヤンカが最も好演。小さい器用さとエゴイズムのため、一種の演劇狂でありながら、十分発展しなかった。しかし、『あらしの前』のようなのがやりたい」という感想をもらす。コンプレックスあり。そのため、意慾をややマイナスした。（作品数・四）

□永尾　篤子（ながお　あつこ）　（入部）五四年四月　（退部）卒業まで

五四年三月、送別会で漫才をやり、そののち入部。最初の劇に大役を果たした。しっかりした風貌と動作。歯切れよく、落着いた声。ちょっと上がったが、よくミープをやってのけた。真っ直ぐな、筋のいい演技。性格演技というところか。——年長役。陰の力ともなり、意志的にこつこつやった。放送でも活躍。（作品数・三）

五二年入学生の一般的な特徴は、個人的なところに留まり、他を動かす逞しさに欠けたことです。そのため、初めからやや弱く、最初の何人かは辞めて行き、意欲的な成長をしていった者も指導力なく、一つ下の学年に、主導権を取られてしまいました。各個人は、それぞれ個性を持ちよい演技を持っていたのですが。

■五三年入学

□大内　信男（おおうち　のぶお）（入部）五三年一〇月（退部）卒業まで

生え抜きの演劇部ッ子。一司と共に、三年間、演劇部の支柱であった。詢を大型にしたような質朴、純情、飾り気のない楽天的な、元気のよい、張り切った好漢。どことなく、ユーモラスで、人が好い。

本読みの時など、不細工だが、舞台に立つと、ほとんど巧まないでいて、すこぶる魅力的。ことに精彩を放つのは、カタキ役のクモ、キツネなど。凄んで、張り切ると、舞台を圧するばかり。まさに、このような役の第一人者。しかし、カタキ役といっても、力が溢れているだけで、陰険なところがない。ヤンのような心理的なものは、ニュアンスに欠けるが、それでいて、良いところがある。

ただ、統率・指導力が、一司ほどではなかった。放送にも活躍。（作品数・九）

□小谷　一司（こたに　かずし）（入部）五三年一〇月（退部）卒業まで

演劇部最大の功労者。重鎮であり、中心的存在。最後には、堂々たる演出家であった。演技は、初め重く、主観的であったが、終りには段々それを克服した。理解の速さ、感覚の成熟、批判力など群を抜き、演技者としてよりも演出としての方が、役割にあっているようだ。

信男と対照的なデリケートさを持ち、烈しい情熱を持つ。初め感情が強すぎ、いくぶん暗いところもあったが、次第にそれを克服した。あらゆる面に、火の玉のようになってやり、采配を振るい、「貝の火」では、見事に一つの劇を創り上げげた。一年毎に幅が広くなった。「芸術派」であって、大きな組織を作る組織力に欠けたことが、惜しまれる。

放送にも活躍。人形劇もやり、書かれていないところでも、色々とやっている。（作品数・一〇）

□生田　隆子（いくた　たかこ）（入部）五三年一〇月　（退部）卒業まで

勘がよく、呑み込みが早く、声が透き通ってはっきりしており、顔や姿が可愛いく、明るいので、終始無邪気な少女役として、主演を続け、演劇部の第一の「スター」であった。音声の良さとセリフが上手いことは随一で、劇におけるよりも、幻燈の解説に精彩を放つ。「フランダースの犬」は、まれにみる好解説。

身体つきが子どもっぽいので、洗練されているが複雑な動きが不十分。

初めは、ただ可愛いいだけ、器用なだけだったが、二年目、三年目と、努力して、ぐんぐんと進歩した。

もっとも感覚的。情熱は十分ありながら、もう一つ激しさに欠けるところがあり、無邪気で明るいくせに、気にすることがあって、それが微妙に演技に影響した。個性が、まだよく成熟していなかった、ためでもあろう。

和美と共に、演劇部の女子の最高演技者。

放送にも大いに活躍。（作品数・一五）

□大久保　和美（おおくぼ　かずみ）（入部）五三年一〇月（退部）卒業まで

隆子と反対の、渋い性格的演技。華やかなところは全くないが、内面的な深さでは第一人者でしょう。初めは、セリフがもたもたし、発音不明瞭なところがあったが、身のこなし方が洗練されており、二年目からは堂々とした演技になった。

セリフも動作も、淡々とした中に、深い味わいがあり、ことに、ぼんやり立っている時の芸は素晴らしい。

最も「芸術派」で、組織や指導には縁がなかった。個人主義（利己主義ではない）が、徹底しており、よい方にもよくない方にも、それが強く現れた。ことに、演劇部が大きくなり、その組織の上で、問題が起こった時や、自分自身に不安や動揺があった時、個人主義では限界があることがはっきりした。（作品数・一四）

（笹倉先生の「演劇部三年の歩み」は、以上、大学ノート一九一頁目で終わっています。【プロフィール】には、続けて、五三年度入学の田中清子さん等から五五年度の田中克代さん等までの部員についても書きたかったはずですが、時間切れだったのでしょう。これ以降は、バトンを受け継いで、門脇の記です）

# Ⅲ　笹倉五郎という人（資料が語るＧＯＲ像）

笹倉五郎自画像

ここまで見て来たとおり、笹倉五郎という人は、私たち小さな役者とその仲間たち、他の先生たち、そして西脇東中全体にも、大きな影響を与えました。

私個人にとりましても……、冒頭の自己紹介のところに記したように、母亡き後の家庭状況から、黙々と働くしかない父の背中を見て、私は育ったのですが、子どもの教育なんてことまでとても手が廻らなかった父でしたから、笹倉先生は、精神的な父であり、良き兄貴であり、ときには友人でもあった、と思っています。私の家庭状況などを知った上での別れの歌が「手をとりてはなさざる児よ悲しとはかつて言わざる汝にあらずや」でした。

## □「稚魚」とチゴイネルワイゼン

歌のことでは、右の歌を含む笹倉先生の「稚魚」に収載された歌に関連して、少し述べてみます。先生の「今日もまた心荒めり……」の歌は、「井野君がとても褒めてくれた」と、以前に先生が語っていたのを思い出しました。また一方、井野先生は、その後、（この歌はもちろんだけれど）東京に去ることが決まった後の五郎先生の歌はそれまでと全く違ったいい歌ばかりだと、「稚魚」発行時に語ってくれたのも思い出しました。この歌に詠われたチゴイネルワイゼンのレコードにまつわる、エピソードをご紹介させてください。最近の金子（大久保）和美さんからの手紙の一節です。

思い出すことがあります。先生の誕生日に生憎先生は風邪をひいて宿直室で寝込んでいらっしゃる年がありました。私は心配になって一枚のレコードと食べ物をお見舞いにお持ちしました。二月の寒い日だったことだけを記憶しています。もちろん、先生がお蒲団の中から喜んでくださったことも。このレコード・曲を思いの他気に入ってくださり、折にふれ聞いてくださっていました。そしてある時、この曲を学校の皆にも聴かせたいけど構わないかと、わざわざ私に許可を求められました。五郎先生ならではの細やかな心遣いにむしろ私は感心し、驚きました。二つ返事で賛成して、感謝しました。みんなにも聴いてもらえたのですもの……。

この一節にも、教え子に対する笹倉五郎という人の、その優しさ・細やかさ・思いやりといったものが、如実に語られていると思います。ドライな言い方をすれば、レコードの所有権は先生の方に移っており、煮て食おうが焼いて食おうが（カラスの勝手であって）、元の所有者に断る必要性は、本来はないのですから。

また、短歌集「稚魚」が、発行時私たちの一年先輩の卒業生（担任は井野先生）には、歌が載せられているにもかかわらず、配布されていないことを知って、半年ほど前にそのコピーを送ったのですが、そのF子さん（中学校当時大変苦労した努力家）からの礼状に一枚のイラストが添えられており、「卒業記念のサイン帳に、何か一言とサインをお願いした時に、笹倉先生が『君には書くことが一杯あるから（それは後日にして）』と言って、代わりにスラスラと先生の自画像を描いてくださいました」とありました。演劇部員でも担任でもなく教科を二年間教えただけの教え子にも、便箋一〇枚前後の手紙を書く人なのです。その優しさ・まめさもさることながら、絵・マンガの腕前もなかなかのものだったのです、笹倉先生という人は。このイラストを見て、私は、先生がマンガを描き、井野先生が(「稚魚」の中の)各人の歌一首を添え書きした、マンガ短歌集(イラストのサイン帳と同じ横長B6版・二〇〜三〇頁)が、あったのを思い出しました(残念ながら、これは手元に残っていません)。

前半のところで、「東雲」から引いた私の一文「笹倉先生との思い出」の中で、簡単に、「笹倉先生は、東京で結婚……幼い二児を残して……事故にて……帰らぬ人となってしまった……このノートは遺作です」と記しました。が、もう少し詳しく言いますと……。

笹倉先生は、東京に移住後、時々は西脇(生家・実家もあった)に帰っていましたが、都立高校の教師となり、結婚され、男の子二人の父親となって、人生の壮年期の真中にありました。が、趣味と実益を兼ねたアクアラング(海底散歩・生物観察・写真撮影)のため、和歌山・南紀の海へ仲間の自動車で向かう途中、静岡あたりで対向車線をはみ出した大型車に衝突されて、生命を絶たれてしまったのです。四一歳の若さでした。

西脇での葬儀に、私たちも参列しましたが、出棺のときに家の前に出て来た、長男・真軌君(五歳?)の何が起きたのか分からない、あどけない顔・姿が、今でも目に焼きついています。径君(二歳ちょっと?)の姿は、赤ちゃんだったがため、家の中にでもいたのでしょうか、記憶にありません。この不慮の事故と共に、笹倉ノートは遺作になったのです。しかし、私たちも、遺族の康子夫人も、このノートの存在を、まだこの時には、知らなかったのです。

残された三人の遺族、とりわけ二人の幼児を抱えて生き抜いた母親の苦労がどんなに大変なものであったかは（二人が小学校に上がる頃までの最初の一〇年間ほどはとくにです）、何となく想像・理解は出来ても、それを正確に書くことは、遠い関西の地にあって、かつ門外者である私のはるか及ばないところです。しかし、簡単に、次のことだけは、言えそうです。

母親は、女の細腕一つで仕事と子育ての二人分の働きを、余儀なくされたのです。二人の男の子を育て上げ、成人した二人が、共に父親と同じ教師（中学と高校）の道を選び、家庭を持ち、子どもにも恵まれました。笹倉ノートその他の記録・資料（その都度お送りしてあります。五郎先生が私宛に書いてくれた当時の一〇数通の手紙と共に）を元に、これまた教師の母が、幼いわが子に「素晴らしいおじいちゃんであったこと」を話す積もりだと言われていると聞いています。生前の父親の顔を覚えていない息子だけでなくその配偶者たる妻をも感動させ、その思いを世代を越えた子にも伝えると言うのです。

## □ 資料が語る人となり

生前の笹倉先生は、西脇東中を去った後、青春時代を過ごした東京（母校の東京工大が横浜にあり、友人もいる）に移られ、研究者としての道を進む魅力に駆られつつも、都立高校の教師として、今度は少し大きな生徒たちを相手にされました。昨年末、遺族から送られて来た都立高校教諭当時のガリ版刷りの資料（生徒からバルザックの「谷間の百合」について読書会での講演を頼まれたことに関連しての文）の中から、二か所を紹介します。

1、まず、子煩悩ぶりについて――

「GOR（門脇注＝五郎の名を三人称化して記載）先生は、若いころには、かなりの速読み家であった。いまでも、なに決心できればバルザックの五冊や六冊……と考えていた。ところが、うちへ帰れば二人のチビッコ・ギャングが待っていた。かれらにとって、家事に忙しく、しつけのきびしいママと違って、パパは絶好の攻撃目標である。かれらがおとなしいのは、パパも好きなテレビ・マンガの時間だけである。じゅうぶんに昼寝をしてスタミナを貯えたかれらは、いっこうに寝ようとはせず、はしゃぎまわる。かれらが、天使の寝顔で眠るときには、あわれなパパも疲れきって、本を読むどころではない。

かれらのピストルにうたれながら一ページ、ビニールの刀を片手に一ページと、やっとの思いで『谷間の百合』を読み終えたころ、読書会まであと一週間をあますだけになっていた」

2、次に、教え子（KK）の手紙については――。

「GOR先生のかつての教え子の一人、京都大学理学部で生物化学を専攻し、いまS製薬会社の研究室で抗生物質の研究・開発に携わっているKK君の手紙――

『高校から大学にかけて、ぼくは文学という精神的風土の中に育ったように思います。その世界は現実にぼくが生きている世界とはいろんな点で違っていましたが、また共通したところもありました。というのは、現実の世の中でぼくが見たいろいろの人間や状況の典型が、見出されたということだけではなくて、この精神的風土の中で育てられ、開かれたぼくの眼が、現実の人間の中に文学的人間といったもの（表現はあまり適切ではありませんが）を見ることができた、という意味でもあります。

思想的な経歴にもかかわらず、今の会社はぼくを雇い、他に比べてかなり高い給料をくれ、重要な仕事をぼくに任せています。このような状況でぼくは次第に〈飼い馴らされ〉つつあります。そしておそらく次第にぼくが〈俗物化〉して行くことはさけられないでしょう。けれども、会社の有用な人材としてのぼくはまた、決して侵されることのない自由な人間としてのぼくを失うことはない、と思っています』

これは、ＫＫ君が、ＧＯＲ先生の第二世に『星の王子さま』を送って来てくれたときの手紙の一節である」。

右の文のＫＫは、今でいう「個人情報の保護」のために、わざとぼかされたのでしょうか、学部が違っている以外は、一〇〇パーセント間違いなく青年・一司かつ若造・一司（入社一～二年後）のことです（ちなみに、私が読んだのは、露・独・仏・英・米等の翻訳物がほとんどで、日本の物はまれでした）。

そして、もう一つの資料・都立高校を卒業する教え子たちに贈った文章からです。

右のバルザックに関した資料よりも、後の発行（一九六七年三月）ですが、さらに長文で（四百字詰め換算約五〇枚）、細かな字でぎっしり書かれたガリ版刷りの資料です。七項目（章）について随筆風に、思い出や自分の考えなどが書かれています。長文の故、抜粋などによる部分紹介に留めさせていただきます。

まず、「きけ　わだつみのこえ」の章からの、抜粋です。

3、「この本をはじめて手にしたのは、もう一六、七年も前の、GOR氏がT工大の学生だったときでした。……。大げさに言うのではなく、GOR氏は、滴り落ちる涙をどうすることもできませんでした。一行ごとに顔をあげて、その涙を休ませなければ、その先を読み続けることができないことさえありました。……。

どんな人の心にも、その青春の日が凍結したままに残っているような部分があるものです。心の他の部分は、年令と共に変形し、より大きな経験の年輪に包みこまれて行くのに、そこだけは固く凍りついて解けることがない部分。

ある人には、それは、美しかった悲恋の日である場合もあるでしょう。また、例えば、一九六〇年のあの安保闘争の時代に学生であった人にとって、――さらにその行動・思想を押し進めようとするか、むなしい挫折を感じたか、あるいは現在、その想い出から逃れようとしているかを問わず――あの日々は、そのような形で残っているでしょう。

GOR氏は最近、六〇歳をすぎた老教師である某氏のなかに、その若かった日の凍結した部分を見出したと思ったことがあります。その日々、すなわち昭和初頭の、日本のほとんどの大学と(旧制)高校を捲きこんだ学生運動の嵐は、その規模において、その激しさにおいて、加えられた残虐な弾圧の厳しさにおいて、さらに例外的な少数を除くと、参加した学生たちのむなしい敗北感において、戦後のどのような学生運動をもはるかに凌ぐものでした。一九二九年の世界大恐慌に示された当時の社会の経済と政治の体制の歪みは、きびしい就職難として（卒業生のうち一割しか就職できなかったという）彼らの上にも直接にかぶさって来ていました。若い知性は、その社会の歪みの根源を説きあかし、それの解決を示している一ドイツ人の著作を発見し、その理論に基づいて、新しい機構の社会を作ろうと荒々しい情熱をたぎらせて誕生した北方の若い国に、その眼を注いだのでした。彼らは熱病に冒されたように、その理論に傾注し、その理論の当然の帰結として実践運動に飛びこんで行きました。先頭に立つにせよ、引きずられるにせよ、この運動に無関心であった者は、この上なくずるいか、仕方のない愚か者とされました。

当時は、この思想も、実践運動も、国法によって、反逆の罪に問われ、きびしく禁じられていました。生産の場に根を持たない学生の、このような運動はつねに未熟で観念的であり、求道者的な精神運動としては純粋ではあったけれども、社会を動かす力にはなり得ないものです。国家権力の前には、彼らの運動も蟷螂の斧にすぎません。

二、三年の後、彼らの運動は根こそぎ踏み潰され、社会生活の枠外に放り出された無数の敗残者の群れが残りました。しかし、北方の赤い星に注がれた彼らの情熱の日々は、長く彼らの心に消えることがありませんでした。

やがて日本社会の進路には、ファシズムと軍国主義の白い道が敷かれました。一〇数年に及ぶ長い長い夜、星の見にくい夜の時代に、ファシズムの奔流に押し流されながら、彼らは何を見、何を考えていたことでしょうか。野上弥生子は小説『迷路』に、彼らの一人の、その時代の精神史とも言えるものを書いています。……。

現在四〇歳前後の人々にとって、一九四五年八月一五日は、彼らの歴史の決定的な結節点であります。その日までの彼らの生《せい》の意義は国家によって与えられ、背くことも逃れることもできない、宿命として決定されていたのです。（門脇注＝笹倉先生も、この年代の一人）

先日、（旧制）中学校時代の同級生であり、その後二〇数年会うことのなかったGOR氏の友人たちが、そのうちの一人である画家の個展に集まりました。そこで誰かが嘆息のように呟き、他の者が頷いたのは『あのころ（注＝彼らのハイ・ティーン時代）は、確実に近づいてくる死と向かいあうだけで精いっぱいだったんだな。あのころの俺たちには、未来の設計ということなど、まるで考えられなかった』という言葉でした。今、中学校の教師をしているWは、ルソン島沖で、輸送船もろとも敵潜水艦に襲われ、数日の漂流ののち救われました。自動車の部品の下請け工場を経営しているMは、中国で戦犯として捕らえられ、脱走して奇跡的に日本へ帰り着きました。中学時代、走り高跳びで全国優勝したことのあるHは、一歳年長であったため、他の友人たちより早く、あの学徒出陣の日を迎えたのでした。

一九四三年一〇月二一日、徴兵延期を打切られた学生たちの『学徒出陣』の壮行式が、明治神宮外苑で行なわれました。学生服のまま軍装した彼らは、学生の身分のまま、昨日までの学園生活に別れを告げて、戦場へ向かうべく、ここに集まったのです。その日は雨でした。

見事に揃った歩調で分列行進する彼らの隊列に、初冬を思わせる冷たい雨が降りそそぎ、神宮の森には、武装集団の重い靴音が響きました。唇を固く結び、真っ直ぐに眼を見据えて行進する学生たちは、その一歩ごとに『死』が迫ってくるのを、感じていました。高くあげた靴で踏みつけている外苑の泥濘《ぬかるみ》が、東南アジアや中国大陸の泥濘に続いていることを、彼らは知っていました。……。

出陣する学徒たちは、自分の死が、祖国を外敵の蹂躙から守り、肉親や愛する人を、凌辱《りょうじょく》から防ぐものだと、考えていました。彼らの多くは、やはり祖国は正しく敵は悪いと信じていました。いや、信じなければならないと思い詰めていたのです。

子どもの頃、彼らは、軍隊のことを聖者の集団と教えられていました。そこにいる兵士たちは全て純粋に国を愛し、正しさに生命を捧げる人たちだと、信じ込まされていました。

出陣学徒たちは、もはやこんな幼い幻想を、軍隊に抱いていたのではありません。しかし、現実に彼らを迎えた軍隊は、彼らの中にわずかでも残されていた信頼と幻想すら、みじめに裏切るものでした。

国をあげて牢獄と言われた時代にも、学園には何がしかの自由と、元来知を求めることに付随する人間のしるしがありました。しかし、軍隊は人間の愛情や理性や自由とは、まるで絶縁された世界でした。野間宏が克明に描写したように、そこは、人間精神の『真空地帯』でありました。……。

このような事情を今の若い人たちに、分かってもらうことは、到底できないでしょう。そういう状況を想像さえできないことこそ、多くの青年の死によってあがなわれた、今日の自由と民主主義の証であるわけですから。……。

彼らと共に、その深淵のふちに立たされながら、その夜の最も暗いときに、突如として、思いがけない夜明けを迎えた人々にとって、一九四五年八月一五日は、過去と未来を画然と絶つ日になりました。……。

（生きてこの日を迎えた人々は）生きていることが死ぬよりも苦しいような日もないではなかったけれども、何ものによっても侵されてはならない生の意義を、彼らはもはや疑うことはできませんでした。……。還ってこなかった人々の、……生きることを拒まれた人間の生を、彼らに代わって、生きねばならないのです。……。

GOR氏は、今の若い人たちに、この本「きけ　わだつみのこえ」を読んでもらいたいと思います。……ちょうど、彼らがそうであった年代、二〇歳前後に。

それは『人間とは何か』といういつの世でも、知性ある青春が対決しなければならない問題を、生々しく、厳しく、我々の前に、問い掛けています。それは、いわゆる『極限状態』における個人的体験の枠を遥かに超えて、人類がその危機において、直面せざるを得なかった人間という存在の全てに関する問題であります。」

笹倉五郎という人の青春時代――歴史的出来事と自分たちの関係・精神史――が読み取れますし、そして、それを教え子に書いて贈った訳です。力作で、抜粋だけで、右の量です。次は、大略で、短くして、都立高校生への文章・資料を続けます。

4、先生は（大略）《「アンネの日記」や映画「禁じられた遊び」などで知られるフランス民衆の、ナチスのアウシュヴィッツ収容所での残虐行為などの幾多の暴虐・暴挙に抗して、命を賭した闘い（レジスタンス・抵抗運動）の中で、人々を鼓舞した碑文「教えるとは、希望を胸に抱くこと、学ぶとは、真理（まこと）を心に刻むこと」（門脇注＝日本語の訳は他にもあるそうです。「ルイアラゴン詩集」の中にも）がある。この言葉は、まさに希望と真理を蹂躙したナチスへの痛烈な弾劾であり、同時に人間の精神の高きへの指標として、今も自分を鼓舞し続けている……》という意味の文を書かれています。

この碑に刻まれた一文は、「教育とは何か？」を考える上での、一つの示唆ではないでしょうか、今日においても……。

また、さらに「（自分は）決して、他の多くの人がその青春を懐かしむように、その精神史への愛惜を物語ろうというのではありません。――問題は、現在と未来にあります。ベトナムは決して対岸の火事ではありません。後日の歴史家によって、我々が間接的に、消極的に、あるいは無意識のうちに、その汚い戦争に手を貸していたと糾弾されないとは誰も保証できません」（傍点は門脇）との一節もあります。ベトナム戦争を、イラクやアフガニスタンの問題等と読み替えれば、今日的に、高校生はおろか我々大人にも、鋭く突き刺さる文章ではないでしょうか。

そして最後は、贈る言葉「さようなら！　諸君に、よりよい人生のあることを！」の一行と、卒業式の日付で、結んであります。

先生は昔（東京で高校の教師を始められた頃）、私に述懐されたことがあります。「僕は、中学生よりも、（精神的成長の進んだ）高校生を相手にする方が、向いているようだ」と。中学生には、易しい言葉で話さねばならず、折角蓄積した知識・知見の投げかけが、自ずと制限されてしまうからだったのでしょう。

それにしても、この高校生向け資料に接して、私には、不思議でならないことがあります。先生が中学を辞めるのを余儀なくされた一九五五年と、右の高校生向け資料が書かれた一九六七年との、一二年の差についてです。この一二年間に日本社会が画期的に革新化した訳でもないのに、前者では辞めさせられ、後者では「きけ　わだつみのこえ」の箇所等で見た文が堂々と当たり前に書けたのです。田舎と都会の違い（新しい文化が浸透するに要する時間のずれ）・（彼のような）思想・考え方は、都会では生きられても田舎では生きられなかったということだったのでしょうか（識者のどなたかに解釈していただきたい気持です）。

この高校生向けのガリ版刷り資料を書いた直後（数か月後）に、先生は他界されましたので、これも遺作の一つです。二人の交通遺児のために、奨学基金を募集しようと、その発起人に私もなりましたが、教え子たち（西脇と東京での）は、まだ学生か社会人になったばかりの頃で、各人とも気持程度の協力が精々で、かつ一時的・一過性のものに終わり、その後も続くご遺族の生計維持にはたいした助けとはならなかっただろうとは思います。しかし、笹倉五郎という人を慕い、惜しむ人々の気持が結集した行動ではありました。

## □ 発見された録音テープ

さて、ここまで見て来た物語は、そもそも発端が、タイムカプセルのごとく現れた「笹倉ノート」など、書かれたものを中心にしたものでした。

もう一つのタイムカプセルともいうべき「録音テープ」についての話をします。これにも、笹倉五郎という人が、よく表れています。

このテープは、七年前（一九九九年）に私たちの同窓会の席で、出席した皆が聞きました。宮下紘一郎君が保管してくれていたのが、卒業以来四二年ぶりで出て来たのです。私たちは五八、九歳になっていました。

私たち二クラス約八〇名が卒業式の日（午後）に開いた、笹倉先生送別会（兼全員の別れの会）の時の録音です（私に、長井紘美さんがダビングしてくれました）。

時間は三〇分強で、生徒全員の一言ずつ、全員での歌の合唱・八曲、そして、先生の挨拶との三部で構成されています。

生徒の一言ずつでは――、元気な声で、または落着いた声で、名前だけを言ったのも結構ありました。また、隆子、紘美さんと並ぶ三人目の歌姫・山上八重さんは自分の一番好きな歌として「故郷《ふるさと》」

を歌ってくれました。

一言二言（名前の他に）言葉を添えたものでは——、「何を言おうかナ……　男前の□□○雄で〜す」「大人しくて、気はやさしくて、力持ち。○○△男」、「一番楽しかったのは修学旅行、次が文化祭。あの時の、メシの喰い合いで、もっと喰って置くべきだった」「時間があれば、分校の人ともっと語り合いたかった」「みんな、元気で働いてください。そして、明るい世の中を作るために努力してください」「お互い成長して、何年か後に、また会おう。それまで、元気でナ」「みんな元気でね。お婆さんになるまで元気でね……（涙声）」等々さまざまで、少年一司の「今日、卒業の日の朝、私が学校へ来る時この比延の地は、灰色の濃い霧がいっぱい広がっていました。しかし、私がその道を進むごとに、その道は開け、自分のいる道がはっきり見えました。……後は言えません」というのもありました。

そして、合唱した歌とは——、校歌・東中讃歌、故郷、しいのみ学園の歌、赤とんぼ、金毘羅船々、七つの子、若竹の歌、かがり火の歌の八曲です。（合唱といえば、聞こえはいいですが、野郎ドモの声を張りあげてのガナリ声に、きれいなはずの女声はかき消されがちになっています）

金毘羅船々の歌は、修学旅行先が高松・琴平であったためです。壺井栄の「二十四の瞳」の映画（木下恵介監督）で、小豆島・岬の分教場の小学生たちも修学旅行先が高松・琴平でした。そこのうどん屋で、大石先生（高峰秀子）は、家庭の事情（父は病、妹もいて、母の死）によって学校を辞めて奉公している女の子（教え子）とばったり会って、直ぐに（引率時間切迫のため）別れます。少女は、旅行のみんなが故郷の島に帰る船を、一人（二つの瞳）で、そっと見送ります――。そんなシーンがありました。私たちはこの映画を、二年生の時だったかに観ており、映画の中で、八曲のうちの童謡三つが全て（金毘羅船々の歌も当然）印象的に出てきます。

今考えてみると、これらの歌の中に「仰げば尊し」が入っていないところが、らしいというか、面白いところです。ちなみに、私は、中学・高校の卒業式とかで、押し付けがましいと思うこの歌は歌ったことはありません（「君が代」については、ご想像にまかせます）。この歌・曲に感動したのは、竹山道雄作「ビルマの竪琴」を市川昆が監督した映画で、死者を埋葬・弔うために僧侶になって現地に残る水島上等兵が、帰国する戦友を見送って別れの竪琴を弾く――あの場面を観た時だけです。

右の二つの映画の別れのシーンは、かのフランス映画「望郷」のペペル・モコ（ジャン・ギャバン）のラスト・シーンを（私に）彷彿させるのです。

そして、テープ最後の、笹倉先生の挨拶――別れの挨拶――を、文字にしますと、次のとおりです（やや緊張した声です）。

昨日机の中を探していましたら、『ともしび』の映画のこの紙が出てきたのです。それに、内藤武敏が演じたところの松熊先生が、『ワレ《吾》、いつも言って来たな。みんなで決めて、みんなで働く、これが一番大切なことだ。ちっぽけな火種でも、懸命に熾《おこ》せば、立派な火になる。おメエ（お前）たちの身体の中には、その火種があるんだ。おメエたち百姓の手でその火種を熾すんだ』

というのが、出て来ました。あの『ともしび』の映画を観た時に、ある程度のというか、僕たちはかなり感動を受けたのですが……、何から何まで、ほとんどあの映画と同じようになって、僕が、みんなと……去って行くように、みんなと別れて行くようになった訳ですね。

僕は、あの松熊先生のように、力強い言葉で君たちに訴えるほどの、それだけの教育もできなかったし、僕自身があのように強い先生でなかったから……。

しかし、どんなものにしても、君たちの胸の中に一つ一つ灯っているその火種・ともしびというものはきっとやがて燃え上がるだろうと思います。

今日久しぶりに、久しぶりに、といいますか……皆が送別会をやってくれまして、最後に歌を歌い始めた時に、一年生の時からのことが色々思い出されてきました。

僕が非常に嬉しく思うのは、君たちが図書室で見た坪田讓治の『善太三平物語』とか、ここ（黒板）に書いてある、「兎追いし……」「ぼくらはしいの実……」「夕やけ小やけの……」というような子どもの心を歌った歌が、好きだということです。それだけ、みんなは色々マセているとか何とか言われましたけど、子どもらしい明るい無邪気な心を持っていると僕は思います。こんなことを言っては変ですが、今までに、僕が知っている多くの学年のうち、一番いい明るさを持っていると思います。で、もちろん、見方によっては……、何でも思ったとおり言いますと、時には言って波風を立てることもありますけれど、やはり、言える人、言える人は、明るい人なのです。君たちの心の中は、非常に明るい、いいものだと、僕は思っています。

一年生の時には、一組と二組とに分かれていて、二年生になって、一組と二組とが一緒になって、それまで一組と二組離れていたのが、親しくなりました。それは、勉強の上では非常に悪かったし、行儀その他の点で悪かった点もあると思います。で、色々の悪いことが、あの二つの組が一緒に居たことによって起こったと考えられます。しかし、一組と二組が仲良くなったことは、非常に良かったことだと思います。

ちょうどあの時一か月ほどだけ学校に来た山田さんが、今日来てくれました。岡本弘君にしても、山田さんにしても、安田君にしても、あるいはその他の人にしても、僕は、他のことはいくら悪くっても、君たちの、この友だちを思う友情ということだけは、どこへ出しても誇り得るものだと思っています。

歌を歌っているときに色々蘇ってきた――美しい思い出、これを何時までも抱いていてください。そして、僕たちの二年間が・二年半の期間が、懐かしい、美しい夢になりますように……。みんなの健康を祈っています。

これが、私たちが揃って聞いた笹倉先生の最後の声・言葉でした。西脇東中での最後の日でもありました。そして、私たちは、先生の歌「思いふかき三年にてありきこと多き三年にてありきいま去らんとす」と同じような気持で、巣立って行ったのでした。

なお、このテープも、笹倉ご遺族に、後日ダビングして遅ればせながら、お送りしました。笹倉家では、彼の独身時代（満三〇歳の時）の声を、それなりの感慨を持って聞かれたことと思います。もし、他に録音したものが残っていなかったなら、なおさらでしょう。とりわけ、二人のお子にとっては、初めて聞く父の声なのですから。

テープにあった二つの歌の歌詞を記しておきましょう。

西脇東中学校の六〇年近くにも及ぶ歴史の中で、私たち9回生だけが持ち得た、心・魂の歌、友情と希望の歌とでも言うべきものです。

□「若竹の歌」（大内信男 作詞・吉田五衛 作曲）

一、清き谷間の風うけて
　萌えたつ緑若竹が
　雪を被れば頭さげ
　道一筋に伸び上がる

二、希望あふれる若人を
　育てる力ここにあり
　光り輝く若竹クラス
　学び進まん張切りクラス

□「かがり火の歌」（笹倉五郎　作詞・作曲）

（そうです。笹倉先生は作曲もできたのです）

一、腕と腕　固く組みあい
友情と希望を胸に
集いよる二百の瞳
「かがり火の歌」あかく湧き立つ

二、嵐吹き雨風荒れて
かがり火を消そうとすれど
友よ見よ遥かな空に
あかく輝く星一つあり

三、黒々とそびえる山に
こだまする「かがり火の歌」
炎々と夜空焦がして
「かがり火の歌」高く舞い立つ

# Ⅳ　小さな役者たちのその後（一つ一つの花が実を結んだ）

西脇東中学校演劇部の役者たち

巣立って行った小さな役者とその仲間たちは、高校（定時制を含む）へ行った者、工場等に就職した者、家業（農業・店等）を継いだ者とさまざまです。この時代、高校へ進めたのは、今と違って全国平均でも五割程度で、私たちでは、田舎の故か約三割でした。だから、先の「テープ」の声が「みんな、元気で働いていてください」と言っても、ちっとも不思議でないのです。今の日本では高校はおろか選り好みさえしなければ、大学（短大を含む）へも一〇〇㌫進めます。

そのうちの何人かについて見てみましょう。

まず、巣立ってから三年少し後のことですが――。

教え子の広田静代さん（とてもおとなしくて目立たない人でした）が西脇市民病院へ、折った千羽鶴と「しあわせの歌」を書いたものとを贈って、患者さんたちに喜ばれ、病院内に「しあわせの歌」が満ちているということで神戸新聞にも出たそうです。静代さんは、新聞の切抜きを添えて先生に手紙したそうです。

私はこの話を、田中清子さん（西脇高校を卒業して春から市役所に勤め始めたばかり）のお母さんが亡くなったことを先生に速達でお知らせしたのですが、それの返事の手紙で知ったのです。

そして何一〇年か時は過ぎましたが、創立五〇周年記念誌「東雲」の中から、見てみましょう。

（私の一文「笹倉先生との思い出」は、すでに、見てもらっています）

「東雲」には、笹倉先生の教え子（9回生）の名前が、今や地域の指導者に成長したことを物語りながら、いくどか出て来ます。

記念誌部会長は大内信男君、副部会長は松場義行君、長井紘美さんで、この三人が二年間掛けて何度も会合を重ねるなどの努力の末に見事に大役を果たしました。この三人の文章も載せられています。大内部会長の「編集を終えて」（短い文の中に、五〇年間の総てを凝縮した名文です）と、松場君と長井さん（共に中学時代は新聞部でした）連名の「新校舎落成記念文化祭」と題しての文です。

また、私たち9回生に割当てられた頁（第五七、八頁）には、長井（田中）清子さんの中学当時のことを詠った短歌四首、大内君作詞のクラス歌「若竹の歌」の歌詞も出て来ますし、さらに、藤中（藤原）光代さんの分校生の切々とした気持を述べた文章があります。

そして、事業部副部会長としての生田頼夫君の名前、その他の人の名（永尾喜代治君など）も出て来ます。つまり、地元にシッカと根を下ろして、地域の指導者的役割を担った人たちでもあるのです。

さらに、校歌「東中讃歌」についての田中（生田）隆子さんの、作詞作曲者・吉田五衛先生を偲んだ一文もあります。

以上が、「東雲」から見い出し得た事柄です。

ちなみに、「東雲」発刊一年後、それまで他校勤務だった宮下紘一郎君が西脇東中学校の校長先生として戻って来ましたし、永年にわたり市職員だった大内君は、記念誌部会長の責務から解放され、今度は西脇市の「助役」の重責を担ってさらに活躍しました。

片や、高校卒業後に地元を離れた人たちのうち――

木村（古谷）淳子さん（最も成績優秀だった教え子のうちの一人）は、大阪大学病院の婦長となって、名だたる教授たちに伍して、数え切れないほど多くの患者さんとその家族のために、定年になるまで尽力を続けたのでした。

また、〈雨傘と少女〉のところで「小さな巨人」だと紹介した三原（堀江）勅子さんは、私たちが観て感動した映画「しいのみ学園」と同様の近江学園（滋賀県大津市の石山寺の近く）で、機能面で恵まれない子どもたちの先生として、結婚で家庭に入るまでの何年間か活躍しました。私は二〇歳の頃、一度訪ねたことがあり、彼女に頼まれて生徒のバドミントンの相手をしましたが、運動神経の凄く発達した男の子だったことを、そして玄米食（慣れていない私には、固くてまずくて、正直参りました）だったことを、覚えています。

阪神大地震の時、あの倒壊した阪神高速道路の直近に住んでいた私は、九死に一生を得て生き長らえた人々の中の一人ですが（一日早ければ息子が、一時間早ければ妻が、重く固い落下物が枕を直撃していましたから、頭を圧し潰されて恐らく即死か、それに近い状態だったでしょう。息子は予定を繰り上げ前の日に名古屋へ帰り、妻は和歌山の母を看に行く日で早起きしていたから助かったのです）、神戸市職員であった藤本尚三君は、予定外（マニュアル外）の業務の連続を余儀なくされながら、被災者のために日夜奔走したのでした。住居は半壊認定ながら、無事だった私と家族は、おにぎりを作って、何度か芦屋市役所等に集まって来た被災者に差し入れました。家庭用電気釜でのわずかな量でしたが、交通網も寸断され、各地からの救援物資がまだ届かない地震直後の時で、喜んでもらえました。「ボランティア」（一一年前のこの時から定着した言葉）の端くれの端くれでした。阪神間に、結婚や仕事の関係で、住んでいる人も多いのです。四か月後にオウム地下鉄サリン事件が起き、報道の主体が移ってしまい、地震被災者には無念な思いでした。

教師になった人は、前出の田中（生田）隆子さんがあり（宮下紘一郎君については地元のところで述べました）、永尾康雄君は定年まで勤め上げました（大阪・松原市の小学校の校長先生として）。彼は、定年の半月前の卒業式で、五郎チャン（サンではなく小学生向きの呼び名にして、次のゴロニウムのことも含めて）のことを易しく話して、はなむけの言葉としました。

東京方面へ行った人の中で、金子（大久保）和美さんは、笹倉先生に彼の母校・東京工大を学生時代に案内してもらったそうですが……、西脇東中での授業中に聞いた「新しい元素を発見して、五郎の名からゴロニウムと命名し、ノーベル賞をもらうのが先生の夢」だったことを、息子さん（長男）が、中学生の時に話したそうです。その時限りと思っていたら、その息子が東京工大（他の大学には見向きもせずに）を選んで受験（合格・卒業）したのだそうです。先生の教え子たる金子さんだけでなく、何とその息子さんにまで先生の思いが伝わったのです。——これが、以前に約束したミクロ（原子・元素）の話です。

そうこうして、かつての小さな役者たちとその仲間たちも、今や定年年令（六〇歳が多い）も過ぎ、六五、六歳（法律的にも老人の仲間入りをして「高齢者」）ともなりましたが、故郷の西脇やその他の地で、ボランティア活動をやっている人も結構たくさんいます。例えば、生田頼夫君が、兵庫「北播磨地域ビジョン委員会」の五市一町（西脇市を含む）の委員長として、地域の活性化のために活躍しているのが、その一例です。あと数例を知っていますが、全ての例を掌握している訳でもないので、具体名・例は省略します。

つまり、笹倉ノート「……歩み」の【あとがき】の「花園に咲いた花の実」は、故郷の西脇の地その他に散って、香り高い美しい花を咲かせ、テープにあった「一人一人の胸の中に灯った火種」は、「貝の火」と同じく、美しく燃えたのです。

さて、最後に……。

「小さな」役者たちの一人である大内信男君に文章を依頼しました。五郎先生や三年間の中学のこととは直接関係しませんが、それはこれまでの記述でほぼ尽くされていると考えたのでしょうか、役人らしくない公務員の仕事だと自称して、彼は次の研究調査記録を寄せてくれました。故郷に腰を据えて活動して来た彼の、その発展を担って来た努力の証左とも言える一文を掲げて、有終の美を飾りたいと思います。

冒頭（「物語の舞台」）で少しだけ触れた校庭直近の交差点標識とその歴史、そして故郷西脇市の発展に尽力した話で、締め括らせてくれるとは、「初めよければ、終わりよし」とやら、今や彼は「大きな」役者・演出者兼脚本家である！　と言わせてもらいましょうか。

# 日本のへそ大作戦

大内信男

「東経一三五度 北緯三五度の交差点は日本列島の中心地である。『日本のへそ』としてドラマチックに売り出せ！」

昭和五二年（一九七七年）の秋、高瀬信二市長からの大号令がかかった（門脇注＝昭五二年は大内君三七歳）。日本列島の北端は北海道宗谷岬の北緯四六度、南端は沖縄県八重山諸島の北緯二四度、北緯三五度は南北を二等分する東西線である。東経一三五度は日本標準時を定める子午線であり、根室沖・納沙布岬（東経一四七度）と西表島（東経一二三度）の中央線である。

東経一三五度と北緯三五度の交差する西脇市は正に日本のど真中に位置するのである。しかし、交差点標柱の建つ上比延町の現地に足を運んで、高さ四㍍ほどの御影石の標柱を見ていると、誰の発起によって、何のためにこの標識を建立したのだろうか？ 後に首相にまでなった人（門脇注＝鈴木貫太郎氏・終戦時の首相）がどうしてこんな片田舎の碑の揮毫をしたのだろうか？ 計測された地点は正確なのだろうか？ 等々の疑念が私の脳裏をかすめた。

まず、この標柱建立の由来を調査することにしたが、関係する文献が乏しく、古老の方々からの聞きとり調査もそのほとんどは曖昧模糊としたものであった。大正時代の起源程度と高をくくっていた私は、六〇年という歳月の遠さを思い知らされる破目に陥ることとなった。

やっと比延町の古谷茂先生を訪れ、当時の貴重な話を聞くことができた。「東京高等師範学校のヒゴモリクマという名前の先生でした。ヒゴは肥後の国の肥後、モリは西郷隆盛の盛、クマは動物の熊。大変めずらしい名前だったので今でも覚えています」

多くの古老の方々を歴訪しても聞き出せなかった六〇年昔（今からだと九〇年昔）のことを鮮明に記憶しておられる方にめぐり逢えて、ようやく「日本のへそ」のルーツに辿り着けた。古谷先生の話によると「日本の中心地」を提起されたのは、大正八年（一九一九年）の夏休みの金蔵山（現多可町加美区）で開かれた多可郡内の小学校教師の夏期講習会であった。講師として来られた肥後盛熊先生は、開講式の挨拶で、「私は一度この地に来たいと思っていました。ここ多可郡には日本の中心点である東経一三五度と北緯三五度の交差点があるからです。その場所は、加古川に架っている津萬村と比延庄村を結ぶ橋の上流の東側です」と地名をあげて指摘されたので、聴講生である地元の先生方はびっくりされたとのこと。

この話を聞いて、私は早速「東京高等師範学校附属小学校（現筑波大附属小）百年史」を調べてみると、肥後盛熊先生は、確かに明治四二年一一月から大正一〇年三月まで附属小学校の訓導として在籍しておられた。それにしても六〇年前の講習会の講師の名前を覚えておられる古谷先生の記憶力の確かさに驚嘆した次第である。

標柱建立者である多可郡教育会の当時の会長は岡沢磋玄太氏であった。その実弟は、大島義修氏で三八歳の若さで旧制八高（現名古屋大）の校長に、後には学習院長、宮中顧問官を歴任された方である。多可郡教育会で学制頒布五〇周年記念事業としてこの経緯度柱建立の話が持ち上がった際、岡沢氏は大島氏に位置の測量と標柱文字の揮毫を依頼された。大島氏を通じて、交差点の位置の計測は陸軍参謀本部陸地測量部が、標柱文字の揮毫は鈴木貫太郎海軍大将がすることになったようである。

標柱の合座正面の凹みには、金属の銘版が埋まっていたが、戦時中に供出された。「寄贈　中村　藤井忠兵衛、津萬村　岡沢磋玄太、比延庄村　廣田傳左衛門」と刻まれていたということであった。落成式については、「比延小学校沿革誌」に次のように記述されている。


「（大正一三年）一月二七日　本部教育会建設ノ東経百三十五度北緯三十五度交叉点標識落成式ヲ挙行シ本校ニ於テ総会ヲ開ク午後ヨリ呉鎮守府石井海軍少佐ノ講演アリ列席者百三十名」


以上がおぼろげではあるが、経緯度標建立のきっかけから完成までの全貌である。

次に、国土地理院に標柱位置の再計測を依頼した。近畿地方測量部の中村六郎部長は技師とともに現地へ来られ、周辺の三角点から割出して位置は正確であるとのお墨付きがもらえた。

市は、この交差点を「日本のへそ」と内外に宣言し、周辺の土地を買収して、「日本へそ公園」の整備に着手した。郷土出身画家の横尾忠則作品展示館（岡之山美術館）、天体観測のできる地球科学館（テラ・ドーム）、日本へそ公園駅（JR加古川線）と矢継ぎ早に建設し、北海道のへそ富良野市との友好親善都市協定の調印、日本のへそ子午線マラソンやへその西脇織物祭りの開催等々、日本のへそ西脇市の売出しに奔走した。マスコミも、自治体のこの風変わりな自己主張に好意的で、協力してもらえた。

私は今、この地に立って当時を想うと、感慨一入《ひとしお》である。


（二〇〇六年八月）

# エピローグ　また咲く桜（人生の節目に）

## □ 物語の終わりに

実録「笹倉五郎と小さな役者たち」の物語が終わろうとしています。

私は、今回の発刊作業に取り掛かる前に、笹倉ノート「演劇部三年の歩み」などの資料を、何回も読んでいました。その読み方は、自分のことが書かれているところを重点にしたものでした。しかし、これに取り掛かってからは、原稿作成中、一字一語パソコンで活字化していく過程で、A君、Bさん、Cさんとそれぞれの人について記された箇所で、その人の、またそこを書いた笹倉先生との、思いが伝わって来て、涙したことがしばしばでした。

最後まで付き合っていただいた読者の皆様方のご感想は、いかがだったでしょうか。半世紀も昔の古くさい話だったでしょうか。そうだったら、ご免なさいと素直に謝る他はありません。読み方はさまざまで、教師と生徒の集団日誌・魂の記録として、（児童）演劇の参考・指導書として、戦後日本がまだ若かった頃の一地方での叙事物語として、また、戦後教育史の一証言として……それぞれの角度から読んでいただいたことでしょう。

昨今の教育問題に言及する中で、文部科学省や教育委員会とかの上からの言はよく耳にしますが、生徒に一番近い現場にいる先生の生《なま》の声が聞こえて来ないのは、私の不勉強のためでしょうか。今や、生徒・先生・父兄が三すくみになってしまっているのではないでしょうか？　そして先生も、管理化進行の下、本来は必要としない仕事に忙殺されているというのが実状なのでしょうか？

教師経験もない私ごときが、偉そうに言えたことではありませんが、思いやり（友情）や互いの協力の上に、自由があってこそ、創造性が育ち、ひいては真理《まこと》を追求する姿勢・科学性が生まれるのではないでしょうか。この考えは、この物語の中に盛り込まれていると信じますが、多感な中学生時代にだけ必要なことではなく、その後も生きる人間にとって、さらに大切になってくるのだと、私は思います。

そして、親子、師弟、夫婦、隣人同士、友人同士、上司同僚部下―の関係において、強弱はあるにしても、本来は愛情の絆・信頼感・連帯感で結ばれているはずなのに、殺伐とした事件が次々と絶えることなく起こる今の社会に、この物語が、せめて一服の清涼剤となり、さらには、「教育基本法」の次には「憲法」まで変えようとする今の日本に、本当にいいのですかと問う一石になればというのが、編著者としての私の願いです。

かの笹倉五郎は、きっとこう言っていることでしょう。「貝の火よ、燃えろ！　心ある人々よ、今燃えろ！」と。

## □ 公刊までの経緯

最初、笹倉ノートが発見された時、二人の先生に打診したのですが、松本先生は大賛成、井野先生はこの種の記録は多くあろうからと気乗り薄でした。笹倉先生と自分たちだけの宝物として、このままそっとしておきたい気持もある、との感想を述べてくれた教え子も一人ありました。大阪で、大内君を含む教え子数人が集まる機会があり、私はそこでみんなの気持・意見を聞いてみようと思いました。ところが、その直前（五日前）に阪神大震災が勃発して、それ所ではなく、この話は一度は立ち消えになってしまいました。

その後、私は、あと一年少々で定年という時に、前立腺癌（それも末期の）であることが判明したものの、幸い癌は大人しくしていてくれて、六〇歳で無事定年退職を迎えることができ、会社のみんなが「励まし送る会」を開いてくれたのです。その時のお礼（引き出物）の色紙に、版画の干支（賀状再利用）一二匹の動物を廻らせた（最初の方で示したのとほぼ同様の図柄。ただし図が原寸大なので二倍大きいA3版）中に配したのが、次の五・七・五（三つ）でした。

・咲く桜　咲かぬ桜も　咲く桜
・時は春　春は曙　俺が春
・散る桜　散らぬ桜も　散る桜

言わずと知れた良寛、ブラウニング、清少納言、一茶からのいただき・パクリです。

定年後、のんびりとテニス三昧等で第二の人生を過ごしていた昨年六五歳の誕生月の四月に、仲良くしていた前立腺癌の背中の転移病巣が暴れだしたので緊急入院・即手術（背骨にメス）となりました。二か月後に退院したのですが、痛み（激痛）は取れたものの胸から下が不随・不自由となって、それまでテニスなどでぴんぴんしていたのに、元の元気な身体には戻らないことを知らされました。それは、わが生涯最大のショックでした（母の死や癌が告知された時よりもです）。自宅のベッドに坐って、余命幾ばくか（身体中に転移している癌病巣が今度暴れ出せば、三か月、半年、一年、二年後か？）

などと思いを巡らせた結果、この物語公刊の思いが再浮上し、決心が固まったという訳です。ケガの功名ならぬ「病気の功名」と言うべきしょうか……。

　で、右の五・七・五に、七・七を継ぎ足して、歌にしました。

　　散る桜　散らぬ桜も　散る桜　散った桜も　また咲く桜

　ところが、三、四か月で一とおりの原稿が完成し、何人かの知人に読んでもらったところ、笹倉ノートに書かれた人々・当事者だけの単なる記録としてではなく、それ以上の価値ある内容なのだから、折角本にする以上は、広く一般読者にも分かるような客観的な記述に工夫をすべきでは、との貴重な助言・指摘を受け、いくつかの箇所について、部分削除（簡略化）と加筆を重ねて、書き直しました。しかし、物語の直っ只中にいた私にとっては（ともすれば主観的になり勝ちで）容易なことでなく、出来上がり原稿は、未だ中途半端・不十分との誹りを免れませんが、時間と行動（足）に制約を感じる私にとって、これ以上無い知恵は絞れないというのが正直なところです。

　右の辞世の歌（？）もできました。悪い冗談と思わないでください。だって、次に転移病巣が暴れだし、それが頭だったら、アタマに来た！　なんて洒落を飛ばすこともなく、こうして文章を作ることもできず、植物人間になっているかも知れないのですから。

　かくして——、パソコンと取組み始めてから約半年後、それなりの原稿が固まり、笹倉ノートを中心とした出版計画は、阪神大地震のため一時頓挫を余儀なくされていましたが、幸か不幸か私の健康状態もあって、ようやく実現することになった、という次第です。

今回、この物語の出版に際して、貴重な助言とご尽力をいただいた西村祐紘氏（時潮社編集長）、田中欣和先生（関西大学文学部教授）（共に大学時代の親しい友人）、そして玉稿「日本のへそ大作戦」を寄せてくれた故郷の友・大内信男君、「ノート」等の遺作の公開を快く承諾された笹倉ご遺族、さらに、草稿について貴重な感想等を寄せていただいた他の多くの知人たちに、心底から感謝いたします。

この物語に登場した——笹倉五郎と小さな役者たちとその仲間たち——に、ご苦労さまの言葉を贈り、笹倉・井野先生たちの今は亡き何人かの人に哀悼の意を捧げ、かつ、これを著したわが身の僭越さと非礼を詫びつつも、読者の皆様方に、何らかの今日的な感慨をもって、受けとめられることを願って、物語の幕を閉じることといたします。

と、ここまでこの物語の稿を進めて来て——、

ご遺族に教えてもらって知った、私にとっての新しい事実があります。それは、笹倉先生の誕生日が、一九二六年二月二一日だったということです。ということは、笹倉ノートは、私たちの卒業に間に合わせようとされたのだと思っていましたが、それだけでなく、自らの三〇歳の誕生記念日に書き上げられたということです。つまり、笹倉ノート「……歩み」の【あとがき】の詩文「……花園に育って行った花…そのタネをみのらせた……あちこちにとびちってゆく…香り高い花を咲かせ…そのま

わりにまた美しい……」は、巣立ち行く私たちに託したものであると同時に、自分の新しい人生へ踏み出す、心機一転の決意をも秘めたものであった、と読むのが本当かも知れません。

そして、今年は、その笹倉五郎生誕八〇周年に当たるということです。

私は運命論者ではありませんが、奇しくも節目がいくつも重なったものです。

・笹倉ノートの脱稿から五〇年
・私たちの中学卒業から五〇年
・笹倉五郎生誕八〇周年を迎え
・来年は新制中学六〇周年の年
・二〇〇六年思い深き一二月に

小さな役者たちの一人　門脇　一司

# 解説　戦後教育が若かった頃

田中　欣和（関西大学教授・人権問題研究室長）

感動的な記録である。草稿を一読した時、「戦後日本が若かった頃」「戦後教育が若かった頃」という二つのことばがひらめいた。ムキになれる先生とムキになれる生徒たちが新制中学校初期の演劇部という場で出会い、燃え、成長していった物語である。高度成長期のすぐ手前の話であり、日本全体がまだ貧しかった時期のことであるが、現在の日本教育が何を失ってきたのか、再び生き生きとさせるのには何が大切なのかを考える手がかりがここにある。

近年の教育論議といえば、登校拒否・学力不振・低年齢の自殺や犯罪等のマイナスの事象をとりあげはしても、それらの背景やリアルな改革展望を検討するでもなく、ただただ学校と教師、特に公立学校バッシング。市場原理主義、競争至上主義を単純に教育に持ち込んだり、教育基本法改正を現状打破の決め手とするような強引な論議が幅を利かせたりという始末だが、戦後初期に教育界に生まれていた可能性を再評価し、現状と照らしあわせ、今もある諸可能性の芽をみつけていくという作業こそ重要である。それもある時期にそうなりがちであったような単純政治主義ではないやり方で進められるべきである。本書はそういう問題意識を持つ人々にとって感覚を洗い直す材料になってくれるはずである。

以下、十分に分析的にはならないが本書が示している「戦後教育が若かった頃」の諸相を示しておきたい。

## あの頃の教師――アプレ先生とアプレ先生

編著者門脇氏らが中学三年生になるのが一九五五年度（政治的には「五五年体制」と後にいわれるもの、即ち保守合同によって成立した自民党と社・共・総評ブロックという対抗軸が明確になり、経済的には翌年に出た『経済白書』が「もはや戦後ではない」という有名な表現を含んで、数年あとには「高度成長」の開始期とみなされるようになった年）であるが、その二年後の五七年春、後に三木内閣の文相になる永井道雄氏（当時、京大教育学部助教授）が「デモ・シカ教師論」を中央公論に書いて教育界の話題をさらった。是非とも教師になりたいという人材が少なくなって、「教師デモしようか」「教師にシカなれない」人が多くなったという指摘であった。永井氏自身の意図からいえば、少年時代に「先生というのは何に似ているか」と問われて「おまわりさんに似てます」と答えたというエピソードをあげ、戦前型・師範型の教師像がイキのいい若者を魅きつけられない原因とする所に特徴があった。しかし、当時の教員構成をむしろ特徴づけたのは、デモ・シカでもなく、師範型でもなく、「アプレ先生・アプレ先生」であったと考える（この表現は、門脇氏らの二学年上にあたる私の徳島城南高時代の恩師斉藤宏先生に教えられた）。

義務教育も延長され、中等教育の終りも一年上になった戦後初期は教員不足の時期でもあった。戦後派＝アプレ・ゲールといわれた若い先生も増えた。この世代の多くにとって戦後改革は当然のこととされた。大江健三郎氏はどこかで自分の精神形成に重要であったことの一つとして、愛媛の中学の若い教師が新憲法の理想を熱っぽく語ったことを記している。熱っぽいほどの人がどれだけの割合であったかは別として、戦前の教育の型に縛られない人は多かった。

もう一つの「アプレ型」とは、戦争と敗戦後の状況ゆえに、自分がなっていた、あるいは、なろうと思っていた職業にアプレれた人々である（アプレとは多分元来は日雇い労働者の言葉であったろう。仕事につけなかったことをいう）。私が中学・高校時代に習った先生でも、元満鉄の駅長、小説の翻訳を出版した人、作家や評論家になろうとしていた人、満州（現中国東北地方）で鉱山探しをやりたかった人、ある帝大で助手だった人等々、実に多彩な先生がいた。個性的な先生といえば、アプレあるいはアプレの先生の方に多かったが、今考えるとこういう先生たちを活かしつつ、師範・高師系の手堅い先生とうまく組合わせていくのが当時の名校長の器量というものだったろう。

笹倉五郎先生は東京工大出身というから、教育界では少ない学歴である。年齢的には旧制大学予科に入学し、卒業のときは新制大学になっていたかどうかの時期だから、アプレ先生である。工大へ入った頃に考えていたような就職が戦災その他の事情で困難になったという可能性も強いから、アプレ派でもありそうだ。戦後初期の東京工大は工大だからこそ教養を大切にするという見識を持ち、理科系ではない有名文化人を教授に招いていることで知られた大学であった。笹倉先生が、伊藤整教授の「人生即演技論」や「発想の諸様式」に示された内容の講義をきいて演劇に関心を持つに至ったということも大いにありそうなことである。

時代は戦後改革期から転じて朝鮮戦争後の「逆コース」といわれる時期である。西脇の地域も全体的には保守的な力が強かったと思われる。笹倉先生が学校をやめる事情については本書でも明らかではないが、生徒には見えないところで、様々な力が働いたのではなかろうか。「火星から帰った三人」の劇にしても、当時普通には渡航できなかったソ連へ高良とみ参議院議員ら三人が入った事件（当時新聞のトップ記事になった）を連想させ物議をかもしたのではないか。

時代は保守的であったが、儒教倫理的風土の一面として、学識ありマジメな理想主義者は革新的であっても尊敬されるところがあった。笹倉先生のような人は異色の教員とみられても、生徒のみならず保護者や住民にも信望はあり、同僚の中にも支える人たちはけっこういたであろう。近年の管理教育体制に比べても案外こういう教師が活躍できるスキマは大きかったかも知れない。

## あの頃の中学生

町にも村にも子どもが目立つ時代だった。一九五五年の日本の人口中、〇～五歳が三三・四㌫だから今の倍以上の比率を占めた。高校進学率は五四年に五〇㌫に達した。

新制中学校は「新教育」の象徴だった。経験主義教育への批判は強まりつつあったが、民主的社会の構成員を育てる義務教育の最終段階という意識も生徒の自主活動尊重という規範も健在であった。学校や地域によってちがいがあろうが、近年に比べれば宿題なども少ないのが普通であったろう。

遊びを中心とした日本の子どもの生活が激変するのが高度成長期である。端的にいってテレビとモータリゼーションが子どもたちの集団性を弱めた。それまでは一人か二人で道で遊んでいたら、すぐに数人になった。学校の昼休みに同級の男子のほとんどが一緒に遊んだから二十人程度の遊び集団ということになった。女子は、五人〜十人くらいのグループに分かれることが多かったと思う。それでも、昼休みに教室に残っている人は、真冬以外少なかった。内遊び時間が外遊び時間を上回るようになったのは六〇年代である。門脇氏らの学年なら就学前から小学校にかけて、活動量、時間、空間、仲間の数など今とは比較にならないほどゆたかな遊び体験を持ったはずである。そういう環境が育てた対人感覚や集団感覚が中学校での演劇部活動の条件になっていたのであろう。中学生になれば学業成績や進路が気になるのは当然その頃でもあったことだが、近年のように小学生の時から受験体制に包まれるというのではなかった。門脇氏らの学年で学習塾や家庭教師がつくという体験を持つ人はいたとしても稀だったろう。習い事に通うとすれば、ソロバンや習字の方が多かったと思われる。

生活時間ではテレビ視聴のない分、外遊び、集団遊びの時間とお手伝いの時間が平均して長かった。お手伝いが好きな子はめったにいなかったろうが、家庭電化が進む以前だから、小学校上級以上の「大きい子」に期待される仕事量はかなりあった。「自分が役に立っている」という実感は持てた。

日本が貧しかった時代と一口にいってしまうが、終戦直後の最悪の時代はすでに抜けだし、年々少しは楽になる家庭が多かった。その時の中学生が大人になる頃には様々な意味で日本はもっといい世の中になっているだろうと大人も子どもも思っていた。

### 演劇という体験

テレビもなく、映画も大きな町に行った時に見るものだったから、農村的背景を持つ小さな町では、秋祭り頃を中心に巡業してくる芝居は大きなイヴェントであったし、学校の学芸会の劇ですら、町や村の人々には楽しみであった。どこの家の何という子が目立つ演技をしたといったことは、しばらくの間地域の人々の話題になった。

小学校の演劇には明治・大正以来の型があったが、それを超えるもの、演劇らしい演劇を体験させるのはすぐれた指導者、情熱のある先生のいた中学・高校の演劇部であったろう。演出、照明、舞台装置などの意味を改めて感得する時期である。村の青年団の演劇なども全国的にさかんになっていた。それらが「新日本」「文化国家」などのイメージの一部を作っていた。

現在でも演劇というものに大きな教育的役割を持たせることができよう。私がそう考えるようになったのは、十数年前、豊中市の人権啓発活動の作り直しに関わる委嘱研究の過程であった。(人権啓発とは、部落差別その他あらゆる差別の解消のため市民等の人権学習を促進する活動をいう。西日本の多くの自治体では重視されてきたが、講演・映画・展示等だけでは受動的学習になりがちなので、豊中市では、市民の能動的文化活動が啓発機能を果たすという方法を追求しつつあった)。

出会ったのはスベリ止めのつもりだった高校へ入って他におもしろいことを求めていた女生徒、配偶者の外国への転勤についていくのが不安だった主婦、人前で大きな声で話すなんて自分はできない人間だなと思い込んでいたがひょっとするとできるかもと思ったという青年等々、それぞれに自分の再発見、自分を変える機会を求めていた人であった。その人々がほぼ共通して語ったのは、演劇参加とは、「役」を表現する以上に「自分」を表現するものだったということであった。

現在、全国の中学・高校の演劇部は、圧倒的に女子が多くタカラヅカ化しているといわれるし、公募による市民演劇でも女性が多い。男の方が受験や就労時間に縛られやすいためであろう。男役を女が演じざるを得ないことも多い。しかし、「自分探し」が流行語を超えたものになる時代である。おどろくほど多くの人が公募に応じて参加している。自分・他者・集団の再発見の機会となり得る演劇部活動は今のような時代だからこそ大きな教育的意義を持つものと思われる。

笹倉先生は「子どもをよく視ている先生」だというのが多くの読者の感想になると思うが、それはこの先生の個人的資質や教育観が優れていたからというばかりではないであろう。優れた教育者にとって演劇という場は生徒をもっとよく「視る」ことができる場になり得たのだと思われる。

今日とりあげられる多様な青少年問題の共通の基底として、直接的な人間関係、ある程度の大きさを持つ集団での共働体験、試行錯誤の上での成就体験等の貧しさということがあげられると考える。学校というものを一定の知識技能の伝授の場としてのみ考える人々は、学校がなくても塾があればいいとか、学校を市場的競争に追いやれば効率化するといった暴論を吐くが、学校というものが人類社会に必要なのは、何よりもそれが集団的成長の場であり、孤立小家族を超えた共同体的体験を与え得る場だからと私は考える。

『笹倉五郎と小さな役者たち』の物語が今日の教育界に多くの示唆と刺激を与えるというのもそれゆえにである。この物語はたしかに今日とは大きく異なる条件で生まれた。しかし、当時は自然成長的に与えられた諸条件を今日意識的に作っていくことに多くの人々が合意するならば、今日でも現実化し得る可能性を生き生き描きだしている。そもそも「教育」とは人間に望ましい成長の条件を作っていく意識的な試みのことをいうはずである。

本書の主人公

笹倉 五郎（ささくら・ごろう）

1926年　兵庫県西脇市生まれ

1952年　東京工業大学卒業

以後、西脇市立西脇東中学校教諭、都立高等学校教諭

1967年　交通事故に遭い死去

訳書「原子動力：動力炉と原子力発電」（サイエンティフィックアメリカン誌編集部・編、共訳、白揚社）

## 編著者略歴

門脇 一司〈かどわき・かずし〉 旧姓 小谷（こたに）

1940年　兵庫県西脇市生まれ。
　　　　西脇市立西脇東中学校で、笹倉五郎らに教わる。
1965年　京都大学卒業。塩野義製薬株式会社勤務（36年間）。
2000年　60歳で定年退職。


笹倉五郎と小さな役者たち
西脇東中学校演劇部　1953年～1956年

2007年2月21日 第1版第1刷　定　価＝1900円＋税

編著者　門脇一司 ©
発行人　相良景行
発行所　㈲時潮社



174-0063 東京都板橋区前野町 4-62-15
電話（03）5915-9046
FAX（03）5970-4030
郵便振替　00190-7-741179　時潮社
URL http://www.jichosha.jp
E-mail kikaku@jichosha.jp



印刷・相良整版印刷　製本・武蔵製本

乱丁本・落丁本はお取り替えします。
ISBN978-4-7888-0614-6